子どもも自分も大切にする

養護教諭にこの
保健室づくり

養護教諭インフルエンサー
にこ〔著〕

明治図書

はじめに

本書を手に取っていただきありがとうございます。

私は元公立学校養護教諭の「にこ」です。養護教諭インフルエンサーとしてInstagramやVoicyなどのSNSで情報発信をしています。現役時代は保健だよりすら毎月ギリギリで出していたような、執筆とは程遠い「普通」の教員人生を送ってきました。そんな私が退職して何気なく始めたSNS発信。「養護教諭って何してる?」という投稿はありがたいことに大きな注目を集めました。私にとって当たり前に過ごしてきた養護教諭の経験は周りから見たら違った印象になり、「普通」って主観でしかないのだと改めて気付かされました。

学校でも、子どもに対して「普通はこれくらいで休まない」と思ってしまいそうなとき「そもそも普通って何だろう?」「私が考えていた普通が間違っていたのかも」とやわらかく受け止めてあげられる大人でありたいなと思っています。まだまだキャリアにも子育てにも悩む人生道半ばの私ですが、今まで学んできた保健室づくりのTips(ちょっとしたコツ)をまとめましたので、どなたかの役に立てば嬉しいです。

この本は文部科学省の養護教諭の職務内容に沿って構成しています。大量の業務に押しつぶされそうだった過去の私のように、多忙な現場で日々働く先生に向けて、少しでも賢く効率化してやわらかな気持ちで子どもと向き合うゆとりを生み出すヒントを伝えられたらと思います。より専門的な知識は他の先輩養護教諭や専門家の方がたくさん書かれているのでお任せして、この本はお茶でも飲みながらゆったりとした気分で読んでくださいね。

そして、この本の真のねらいはもう１つあります。それは養護教諭以外の方にも「保健室から見える世界を味わってもらう」ことです。「そんなこと起こる?」というドラマのような日常や、養護教諭じゃないけどなぜか共感できる学校あるあるエピソードが満載です。「養護教諭って何してる?」のアンサー本のような、読み終えたときに養護教諭のリアルな姿が伝わる、そんな１冊になったら嬉しいです。とはいえ、全国４万人の養護教諭がいて、４万通りの保健室づくりがあります。そのうちの１つだと思って楽しんで読んでいただけたら幸いです。

２０２５年１月

養護教諭　にこ

もくじ

第3章

救急対応あるある
――焦らず対応するための基本

第4章

健康相談あるある

――SOSを見逃す人から気付ける人へ

第5章

健康診断あるある

――ICTを120％使いこなす仕事の抱え込み防止術

第6章

環境衛生・学校保健計画あるある
——環境調整と戦略的スケジューリング方法

第7章

感染症・保健室経営あるある
——忙しい時期を華麗にこなすスキルアップ術

付録

養護教諭の1年あるある
——見通しをもち次の年度を楽しくデザイン 179

第１章

保健室あるある

仕事がサクサク進む保健情報把握

1 「保健室ってヒマそう」はほめ言葉

「ヒマそう」と言われ心でガッツポーズ

養護教諭になって初めて知ったこと。それは、ヒマそうにするのは「子どものため」ということ。歴代の諸先輩方の演技力（しかもアカデミー賞受賞級！）たるや。学生時代の私は、保健室でいつも笑顔で迎え入れてくれる養護教諭の姿に憧れをもっていました。今も「憧れの職業」と言われ続けている背景には長年にわたり築き上げてきた先輩方の実績や子どもたちにあたたかく対応されている現場の養護教諭の存在があると感じます。

養護教諭は「あえてヒマそうにする」のも仕事で、保健室に入りやすい雰囲気をつくるためのコツの一つです。子どもから「先生ヒマそうだね」と言われたら心の中でガッツポーズを決めたいくらいです！

保健室に集まる情報がもつ重要性について一般的にあまり知られていないかもしれませんが、単に病気や怪我の対応をするだけでなく、学校全体の保健情報が集まる中心基地です。来室記録でその時期の病気の流行や多い怪我を分析して早期に対応するのはもちろん、用はないけど、なんとなく保健室に立ち寄る子や、毎日のように体調不良を訴える子、そんな個々の傾向を把握することも、適切な支援をするために重要な情報です。

「ヒマそう」の副作用

私が養護教諭１年目だったとき、「ヒマそうに見せなきゃ！」と過剰に意識しすぎて、大失敗したことがあります。本来、ヒマそうに見せているのは子どもが来室しやすい雰囲気づくりをするためのはず。それが、どんなに忙しくても笑顔でいないと養護教諭失格…という勝手な思い込みに繋がって、誰にもしんどいと言えず頼まれた仕事を断れなかった時期がありました。担任や教科の先生と比べ、全て空きコマで授業がない＝何もしていない時間扱いされてしまうことにモヤモヤした経験も。心がしんどくなったとき、ふと自己犠牲の考えが強くなっていたことに気付きました。これは私に限らず、養護教諭によく起こる「ヒマそう」の副作用のようです（私調べ）。教員の仕事は特殊な感情労働なので、自己犠牲の考えはここで手放してしまいましょう。ヒマそうにしているのは「子どものため」を意識することは、仕事の取捨選択のヒントになりますね。

子どもとつくりだすヒマそうな保健室

AIに「ヒマってどんな状態？」と聞いたところ、

①時間的にも心理的にも、余裕がある状態。
②何もしていない、または意図的に何もしない状態。（＝退屈）
「ヒマ」は、何もしなくてもよい自由さを享受できる場合もあれば、刺激や充実感の欠如によって不満や退屈を感じることもある、相反する感覚が共存する状態です。

と出てきました。「保健室ってヒマそう」という印象は、自由さや余裕というポジティブな意味でとらえたいところです。

私が尊敬している養護教諭の大先輩は、スッキリした保健室というよりも不思議と懐かしさを感じさせる雰囲気の保健室をつくっていました。よく見ると子どもたちが作った折り紙の制作物や段ボール作品、描いた絵が飾ってあり、保健室で過ごす子どもたちの様子が目に浮かび「自由さ」「余裕」「余白」を感じられることに気が付きました。

ヒマそうに見える保健室も、一歩踏み込んでみると、穏やかな「余白」の中で子どもが豊かに過ごす風景をつくりだせるのです。そんな保健室を目指すのも、素敵だなと思いませんか？

Tips

保健室は「戦略的」にヒマそうに見せる

保健情報把握

2 「今日は平和」と言った途端…

校長先生がふらっと保健室に立ち寄って「子どもたちの様子はどう？」と聞き、「今日は平和ですよ」と養護教諭が答える。すると、途端にドタバタと来室対応が続くのが保健室あるあるです（学園ドラマならきっとここでＣＭが入ります）。

急いでいるときに限って渋滞に巻き込まれるとか、並んだレジより隣の列の方が早く進むとか、平和と口に出した途端に平和じゃなくなるとか。トラブルはタイミングが悪いときに起こるという、マーフィーの法則に似ているなと思います。でも、私たち養護教諭の大切な仕事は、いつ何時も「子どもの命を守る」ことなので、油断は大敵ですね。

リスクマネジメントのための情報収集

一見落ち着いて見える平和なときこそ、情報収集する最大のチャンスです。

①校内の健康診断や来室記録、ケース会議からの情報
②行政関係（文部科学省、厚生労働省、環境省、独立行政法人日本スポーツ振興センター、こども家庭庁など）の通知
③医師会や日本学校保健会、学校保健に関わる学会や協会の刊行物や資料

など常に社会動向も幅広くキャッチして、対応することが求められます。

私のホームページでは、インターネット上で見ることができる養護教諭向け情報一覧（随時更新予定）をまとめてありますので、ご参考にしてみてください。

養護教諭サポート

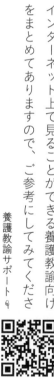

ワンランク上のリスクマネジメント

学校リスクの専門家である内田良さんの著書『教育現場を臨床する』(慶応義塾大学出版・2023年)では「見える化なくして対策なし」と書かれています。せっかく養護教諭が情報を収集したなら、「見える化」することはリスクマネジメントにおいてとても大切です。

見える化のアイデア

- 校舎内や校庭の負傷事故発生場所マップ
- 校内で災害共済給付に申請した件数と内訳を職員向け保健だよりで共有
- 怪我や事故が起きやすい時間帯や時期をグラフ化して掲示
- 日本スポーツ振興センター発刊の災害共済給付ナビの情報を職員で共有
- 災害共済給付によって得られた事故事例・統計データを使い作成された「教材カード」を活用してミニ保健指導
- 学校事故が全国ニュースになったらタイムリーに対応を再確認し共有

・エマージェンシーアクションプラン（ＥＡＰ）を行事ごとに作成して共有
※エマージェンシーアクションプランとは緊急対応のための行動計画
・ＷＢＧＴ値を職員室モニターに表示

ここに並べたアイデアから、どれか一つでもできそうなものがあれば取り組んでみてください。養護教諭が把握している情報の「見える化」は、本当に難しいと感じています。記録やデータを見やすく整理したり、担任の先生や子どもに伝わりやすいよう試行錯誤したりしても、なかなか思い通りにいかないことだってあると思います。特に、情報の読み取りや分析には根気が必要です（データが細かいと眼精疲労になりがち…）。まずは基本の来室記録を丁寧にとることからスタートして、「勤めている学校リスクの専門家」として信頼を重ねて学校全体を支える存在を目指したいですね。

Tips

平和なときこそ「見える化」でリスクマネジメント

保健情報把握

3 忙しい日々に余裕を生む「バッファ」

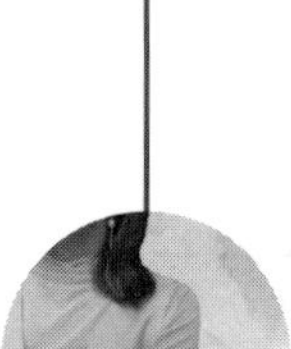

子どもの来室は、いつだって突然です。校庭で転んだ、頭をぶつけた、給食中に具合が悪くなった、病院に連れて行く緊急対応が起きた、など突発的な出来事があるのが保健室の日常風景。自分のリズムで仕事ができる日の方が少ない環境です。それでも、心のケアを必要として来室する子どもには、余裕をもって向き合いたいと思うと、どうしても自分の業務は後回しに。まとまった作業時間がとれなくて、結局残業…。疲れ果てて燃え尽きるのを避けるために、私の中で最大の課題が「時間管理」でした。

教員時代に知らなかったビジネス用語に「バッファ」という単語があります。バッファとは、予想外の事態や変動に対応するための余裕や余白を指し、これによって突発的なトラブルが発生しても業務を計画通りに進行させやすくなります。

左のイラストではバッファがない状態が一番上で、その下がバッファをもたせた状態です。でも人間の心理で、余白があるとついやることを詰め込んでしまうものです。「バッファ」そのものに価値があると意識して過ごすことは時間管理のヒントになります。

バッファを生み出す時間術

①バッファはあらかじめキープ

朝のスケジュール確認のタイミングで、短くてもいいのでバッファをあらかじめ確保。脳の休息はパフォーマンスに影響します。命を預かる私たちは思考力・判断力を落とさないためバッファをもたせることがとても重要です。

②時間別やることリスト作成

5分あったらやることリスト、10分あったらやることリスト、30分あったらやることリストを固定化し書き出しておくと、迷わずササっとタスクをこなせます。

③相談がある子がいるときのやることリスト作成

普段あまり悩みを話さない私の娘は、一緒に折り紙をしているときや、横並びでお散歩しているときに、ふと話し始めます。保健室でも同じようなタイプの子に出会ったことがあるのではないでしょうか。もちろん面と向かって子どもの話を聞くこともありますが、絆創膏をちぎるのを手伝ってもらったり、掲示物を一緒に張り替えたり、なんとなく他の作業をしているうちにポツリと気持ちを話し出す子もいます。やることリストをつくっておくと対応の幅が広がります。

保健室＝バッファ

いつも元気な先生にその秘訣を聞いてみたら、スキマ時間でうまく休んで自分のメンテナンスをしているそうです。もしかしたら、保健室に休み時間ふらっと寄っていた子は、余裕や余白の時間を過ごしにきていたのかもしれないな、と感じます。バッファには「緩《かん》衝《しょう》＝物事の間に入って衝撃を和らげる、クッションのような役割」という意味もあり、学校でたくさんの時間を過ごす子どもたちにとって、保健室がバッファのような存在になっていたらいいなと思います。

Tips

バッファはムダな余白ではなく、大切な仕組みだと意識する

保健情報把握

4 「あとでやろう」ではなく「今すぐ記録を残す」

出張前に右往左往

出張前の保健室は「滑り込み来室」が増えるのが、養護教諭あるある。今日の出張場所はどこだっけ？　と確認して、荷物もまとめて、さぁ出発しよう！　とした途端に怪我人が来たり、続けて具合が悪くなった子が来たり、担任の先生から「よかった、まだいた！」と声がかかり（重要な情報伝達だったり）、出張前に右往左往してしまうことがよくありました。そんなときの脳内は運動会のかけっこ（てってーてけてけ…）のBGM。でも、焦って対応すると思わぬミスや抜け漏れが起きるかもしれません。出張に出る前だからと、その場で来室記録をとらず、後で思い出しながら書くと記憶が薄れてしまいます。

来室記録は、とても大切な情報源です。常に全てのことを早くやる！　というわけではなく、ここぞ！　というときにアクセルを踏んで、すぐやることを意識していました。

養護教諭不在時の対応

養護教諭が出張などで不在時の学校事故は、誰の責任になるでしょう？　少しシビアな話になりますが、過去には養護教諭不在時の怪我で訴訟が起きています。「すぐ記録を残す」というのは養護教諭だけが意識すればいいというものではなく、校内全体に伝えていくことが重要です。教職員が学校保健に関して学ぶ機会が少ないことは、現場の課題と言われています。『すぐ使える！学校保健ＯＪＴシート』（東山書房・２０１７年）には、若手教員はできていると思っていても養護教諭としてはもっとやってほしいと感じている項目に

- 養護教諭から「教室で様子を見てください」と連絡があった児童・生徒についての事後連絡
- 養護教諭不在時に行った対応について養護教諭への事後連絡

などが挙げられています。もっと早く、そして内容については詳しく伝えてほしい養護教諭と、いつまでにどこまでをどう伝えたらいいのかわからない若手教員との間で、意識のズレが大きいという現状が調査でわかりました。子どもたちの健康と安全のためにも体調不良や怪我があったときの情報は、全教職員が「すぐ記録を残そう」「すぐ共有しよう」と改めて意識するきっかけとなればと思います。

記録のひと工夫

養護教諭1年目のときは、何がわからないのかわからないという状態で日々の仕事を手探りで進めていました。若手教員の方もきっと同じ気持ちなのではないかと感じます。すぐ記録をとるためにはチェックリストや選択肢から選ぶ方が、ゼロから記録をとるよりもハードルが下がりますよね。来室記録用紙や電子フォームのテンプレートも活用しながら、普段から記録をとる意識を学校全体で高めておくのが大切です。

緊急時用の時系列に記入できるフォーマットも調べるとたくさん出てきます。左のイラスト入り保健室利用カードは、視覚支援にもなり、何よりかわいくておすすめです。

Tips

「すぐ記録する！」を合言葉に

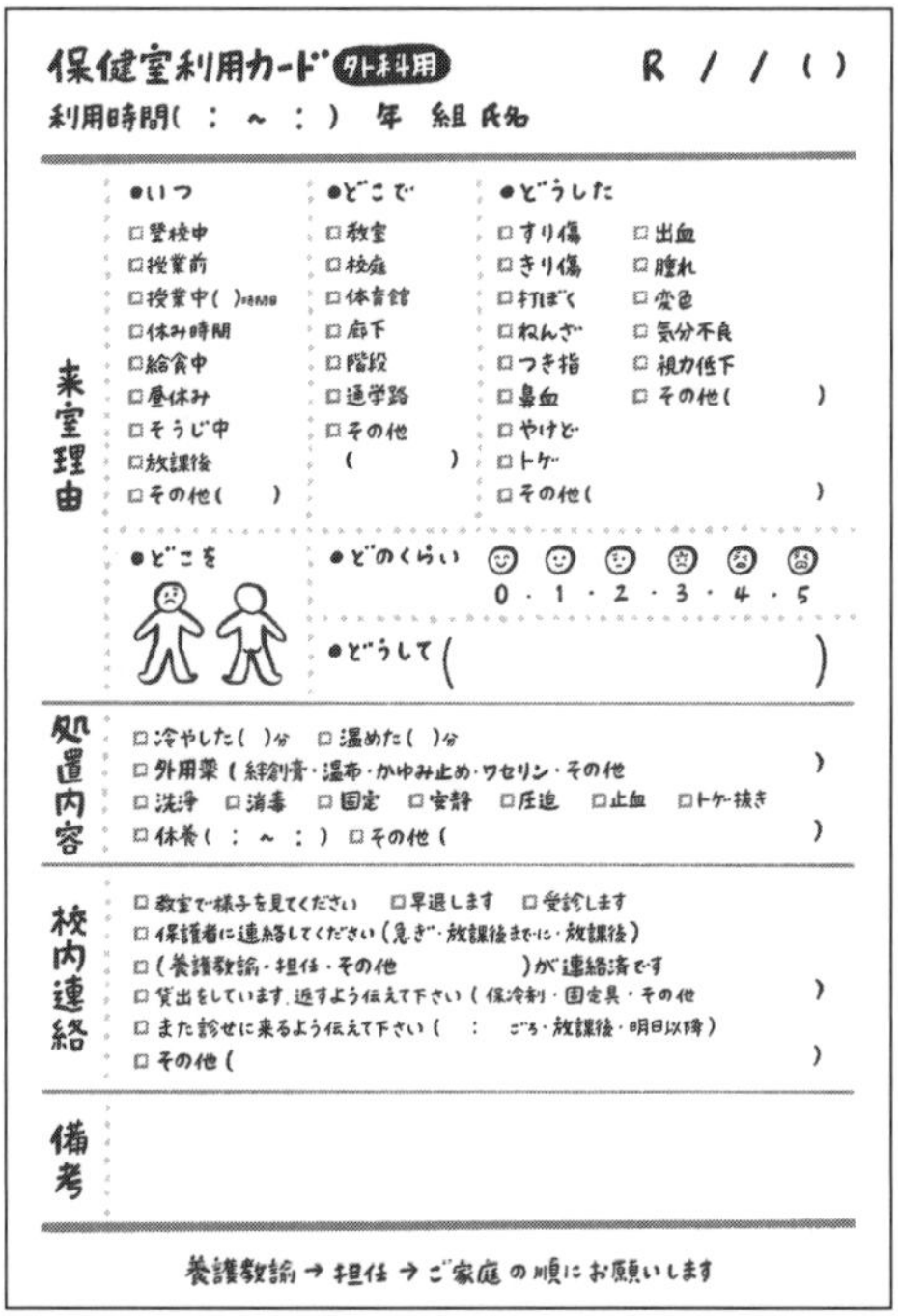
保健室利用カード　外科用　R　/　/　(　)
利用時間(　:　〜　:　)　年　組　氏名

来室理由

●いつ
□登校中
□授業前
□授業中(　)時間目
□休み時間
□給食中
□昼休み
□そうじ中
□放課後
□その他(　)

●どこで
□教室
□校庭
□体育館
□廊下
□階段
□通学路
□その他
(　)

●どうした
□すり傷　□出血
□きり傷　□腫れ
□打ぼく　□変色
□ねんざ　□気分不良
□つき指　□視力低下
□鼻血　□その他(　)
□やけど
□トゲ
□その他(　)

●どこを

●どのくらい　0・1・2・3・4・5

●どうして(　)

処置内容
□冷やした(　)分　□温めた(　)分
□外用薬(絆創膏・湿布・かゆみ止め・ワセリン・その他　)
□洗浄　□消毒　□固定　□安静　□圧迫　□止血　□トゲ抜き
□休養(　:　〜　:　)　□その他(　)

校内連絡
□教室で様子を見てください　□早退します　□受診します
□保護者に連絡してください(急ぎ・放課後までに・放課後)
□(養護教諭・担任・その他　)が連絡済です
□貸出をしています.返すよう伝えて下さい(保冷剤・固定具・その他　)
□また診せに来るよう伝えて下さい(　:　ごろ・放課後・明日以降)
□その他(　)

備考

養護教諭→担任→ご家庭の順にお願いします

イラストレーターmegkmit さんのテンプレート
ダウンロードはこちらから☞

5 一人職ゆえの孤独

昔々あるところに、おじいさんとおばあさんがいました。おじいさんは山へ芝刈りに、おばあさんは川へ洗濯に行きました。すると、川上からどんぶらこ〜どんぶらこ〜、と桃が流れてきて、その桃から産まれてきたのが「にこ太郎」です。にこ太郎は言いました。「おばあさん、今まで女の人が鬼ヶ島へ行ったなんて聞いたことがないけど、私は行ってみたい！」と。言うやいなや、そそくさとパソコンに向かい、サル・キジ・犬とオンライン会議を始めました。

マイノリティ（少数派）な養護教諭

「めずらしい」「人数が少ない」という養護教諭の立場で働いて、ちょっとしんどいな…

と思う瞬間が一度は訪れます。学生時代は、一人職のプラスな面をたくさん教わりました。子どもの命を守る最後の砦、担任や教科の先生とは違って評価しない立場から子どものあらゆる情報を把握して関わることができる存在など、子どもに個別で寄り添うことができるのはこの仕事のやりがいの一つです。現場でもたくさんプラスの面を実感したのですが、マイノリティな立場によく起こる悩みについて、学生時代にもっと教えてほしかったというのが本音です。校内での独特な孤独感をどう乗り越える？　隣にすぐ聞ける人がいない環境で困ったとき誰を頼る？　いろいろな壁にぶち当たるたびに「なかなかめずらしい道を選んだわ、私たち…」と心の中で、にこ太郎と会話することになります。子どもの健康と安全を守りたいという熱意と、マイノリティな立場ならではの悩み、両方を同時に抱えながら働いてきました。

養護教諭の多様性、新たな視点

学校の中でマイノリティな立場の養護教諭、その中でもさらにマイノリティなのが男性養護教諭です。圧倒的少数派の男性養護教諭の方々の働き方を知ってから、本当にたくさんの勇気をもらいました。性別にとらわれない多様な養護教諭像を知ることで、いろいろな視点から子どもに向き合う大切さを学んでいます。そして、幅広く養護教諭同士が手を取り合うことで、より子どもたちのためになるのではと思い始めました。

男性養護教諭によくある質問で「生理のときの相談はどうするの？」「内科健診はどうしているの？」という質問は、（あえてこう書きますが）女性養護教諭が「男子の股間の怪我はどうするの？」と聞かれるのと似ているのではないでしょうか。内科健診の実施は子どもも大人も性別にかかわらずプライバシーに配慮する必要があることです。知らず知らずのうちにもっていた先入観や偏見に気付いたことで、今まで見逃していた子どものSOSがあったかもしれない、と自分の仕事を振り返るきっかけにもなりました。

もっと繋がれ！　養護教諭

NHKスペシャル「命を守る学校に」の調査報告によると、学校事故はどこかで起きたことの繰り返しで、自治体を超えた情報共有が課題だそうです。オンラインツールなどをうまく使いながら、場所・年齢・性別を超えて全国の養護教諭が繋がることでスピーディーに幅広く得られる情報があるのではないかと思います。
私自身SNSで「これって自分だけかな？」「他の先生はどうやっているんだろう？」と感じていたことを発信して養護教諭の繋がりを広げたことで、一人で抱えていた孤独感が減っていくのを実感し、新たな視点も学べました。現場で働いていたときは、地区の養護教諭の先輩にたくさん愚痴や弱音を聞いてもらうことで気持ちがリセットでき、本当に助かっていました。視野を広げ、多くの養護教諭と交流することで、大切な価値観を共有できる仲間や、理想の養護教諭に出会うことができたり、多様な学びや情報収集に繋がることができたりするのではないかと思います。

Tips

多様な養護教諭と繋がる

コラム

効率的に働きたい

「私には何の専門性もない…」と感じて、焦って、あらゆる学びに手を出し、仕事はNOと言えなくなり、情報収集に奔走し、「養護教諭なんだから」という謎のプライドだけが高まっていた日々。もしも今、両肩にプレッシャーや不安を抱えている養護教諭の方がいたら、私にはその気持ちが痛いほどわかります。

働き方をシンプルにすることは「何をするか」より「何をしないか」を決める勇気が必要です。私が働き方改革について考えるきっかけとなったのは坂本良晶先生の『さる先生の「全部やろうはバカやろう」』（学陽書房・2019年）という本。主に先生向けの効率化や生産性向上の内容ですが、養護教諭に置き換えて考え「大切にしたい時間」に集中するために他のことを手放そう！　と決心する勇気をもつことができました。

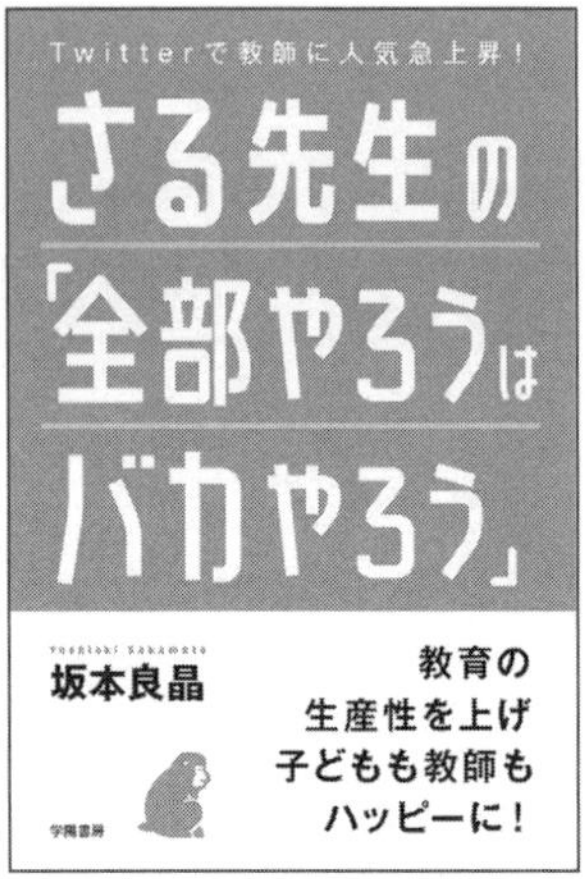

第2章

保健教育あるある

子どもたちがすくすく育つアイデア

1　1文字も進まない保健だより

来月の保健だよりは何を書こうかな？　と養護教諭向けの月刊誌を手に取りパラパラ開いていると、あっという間に時間だけが過ぎ原稿は1文字も進まない怪奇現象や、土日で書こうと思って持ち帰った資料を一度も開かず月曜日を迎えるミステリー。私が保健だよりをつくっていたときのあるあるエピソードです。

そんな私の学生時代は、保健だよりを読んでいなかったことをここで懺悔したいと思います。毎月おたよりをつくるのが、どれだけ大変か想像できなかった当時の自分を振り返って反省しつつ、過去の私のように健康に興味関心が低い子にどうすればおたよりを読んでもらえるだろう、思わず目を引く保健だよりをつくれないかなと考えながら内容を工夫して作成していました。

目を引く保健だよりのアイデア

・一目でパッと見てわかりやすいイラストを使う
・実際の校内の取り組みを写真で掲載する
・ニュースなどで話題になっている健康についてのテーマを取り上げる
・オンライン配信でいつでもどこでも見ることができるようにする
・行事予定を確認しながら配布するタイミングを考慮する
・ただ配るだけでなく学級指導で読み合わせる時間をとってもらう

目を引くってどういうこと？

例えば、おたよりに集合写真が載っていたときに真っ先に見るのは誰の顔ですか？　多くの人はまず「自分」を探し始めると思います。これは「自分が大好き！」というわけではなく「自己関連性効果」という心理的現象です。これを保健だよりでもうまく使うと、先ほど「目を引く保健だよりのアイデア」として紹介した実践写真を載せた保健だよりはとても効果的になるのではないでしょうか。また、保健だよりに登場するのは子どもだけでなく、担任の先生や職員の方でも関心が高まります。担任の先生のインタビュー内容が載っていると、子どもたちは興味津々！「〇〇先生の健康の秘訣ってお散歩なんだって〜」と子どもたち同士で話題にしてくれます。先生方の間でも自己関連性効果で雑談のきっかけになり、相乗効果が生まれより多くの人の目を引くことができます。

目を引くの注意点

一方で『これからのヘルスリテラシー　健康を決める力』（講談社・2022年）の著者中山和弘教授によると、目を引く情報には注意が必要で、健康や医療の情報を自分で判断し評価する力（＝ヘルスリテラシー）が大切だそうです。例えば、インターネットの広告やSNSでは、目を引くために過剰な表現や不安を煽る言葉が使われています（〇〇だけで痩せる！　ダイエットに何度も騙された私への自戒も込めて…）。中山先生が提唱しているインターネット上の保健医療情報の見方「か・ち・も・な・い」を紹介します。

か　書いた人は誰か？　↓著者の専門性や背景を確認して信頼性を適切に判断する

ち　違う情報と比べたか？　↓他の信頼できる情報と比較して内容を確認する

も　元ネタ（根拠）は何か？　↓出典や根拠が明確か確認する

な　何のために書かれたか？　↓宣伝や利益目的の情報の場合、客観性が欠ける可能性がないか確認する

い　いつの情報か？　↓医療や健康に関する情報は最新の情報が重要

本来この「かちもない」は、子どもたちに本当に信頼できる情報か慎重に考える力を育むために重要な視点です。そのためにも、養護教諭が発行する保健だよりは「ヘルスリテラシー」を意識した内容にすることも大切ですね。

Tips

保健だより作成のキーワードは「目を引く」

保健教育

2 手が込んでいる＝よいもの？

出張で他の学校へ行くと、つい保健室の掲示板を眺めてしまいます。画用紙を切って作った手作りのぬくもりを感じる装飾、子どもが触って学べるような歯の模型、めくって楽しむクイズ、ジュースの中の砂糖の量が目で見てわかる実物のペットボトルを使った教材、これはワクワクする！　というアイデアがたくさん詰まった掲示物を見て、貴重な学ぶ機会となっていました。

しかし、私は何を隠そう不器用系養護教諭です（父は器用な職人なのに何故…）。線に沿って丁寧に紙を切ったはずが、完成品をみるとガタガタ…ということは日常茶飯事で、掲示物に苦手意識がありました。掲示物に限らず、大抵の物は手が込んでいることに価値を感じると思います。時間をかけ、細部にこだわり、労力を注いだものが「よいもの」。職人などの世界ではそうかもしれませんし、「手が込んでいる＝価値が高い」という考え方も素敵だと思いますが、あくまで私は「価値を感じるのは受け手側」だと考えています。つまり、手が込んでいるかどうかより、子どもに伝わっているかどうかも大切な価値観なのではないでしょうか。

シンプルで直感的な掲示物

例えばiPhoneなどのアップル製品は、見た目が「シンプル」でもその裏に高度な技術が詰まっています。多くのユーザーに支持されているのは、手間をかけたこと以上に、使いやすさや直感的なデザインが評価されているからだと感じます。最近は保健室でも、デジタルサイネージ（商業施設、駅、公共スペースなどでもよく利用されている電子看板）を活用した、シンプルで直感的にわかりやすい掲示物が注目されています。第１章に書いたような養

感染症情報のデジタルサイネージ

護教諭ならではの視点で情報収集したものを裏に詰め込みながら、どうシンプルに子どもたちに伝えるか。ＩＣＴ活用はこれから先、１つの選択肢になると思います。

　熱中症予防でＷＢＧＴ値をデジタルサイネージで映し出せば、子どもたちは一目で今の危険度を判断できます。今日の欠席者数をグラフにして表示しておくと、お迎えに来た保護者の方に今の校内の感染症情報を共有することができます。

WBGT 値のデジタルサイネージ

手間と価値のバランス

手間をかけすぎることが、時には価値を下げる要因になることもあります。時間やコストがかかる掲示物は養護教諭自身も大変なので燃え尽きてしまい、継続できなくなり効率的ではありません。また、ＩＣＴ活用を提案すると、よくベテランの先生からアナログではダメですかと言われるのですが、決して手作りの掲示物がダメだということを言っているのではないのです。重要なのは「誰に、どのような価値を提供するか」を考えて手間と価値のバランスをとることだと思います。

Tips

「子どもに伝わっているかどうか」を意識する

3 悩みがつきない性に関する指導

学校では教えてくれない？

「学校では教えてくれない」というキャッチコピーでインターネット上には様々な性に関わるコンテンツが溢れています。その良し悪し（いや学校でも教えているよ～とか、学校の限界もあるよとか…）は置いておいて、社会全体の関心が高いことの現れだと思います。その一方で、玉石混交な情報に子どもがさらされて惑わされてしまうことに不安も感じます。私自身、現場で働いていたときには性についてしっかり教えられる自信がなく、この項目を書くために「すごい基礎的で恥ずかしいんだけど『性教育』って言い方は合ってる？」と養護教諭仲間に聞いたくらいです。例えば、授業に外部講師を呼んで講演をしてもらう？　学校ではどこまで教えるべき？　行事予定を組む余裕は？　教室で養護教諭が授業する？　など、校内での位置づけも迷うところです。まだ過渡期にある性に関わる指導について、養護教諭自身も知識をアップデートするために研究会や学会に足を運ぶものの、それぞれの団体によってどこまで教えるべきかの軸が違ったり、実際に学んでみたら専門的すぎて授業でやるのは難しいと感じたりすることもよくあります。一養護教諭ですらどこで勉強したらいいか悩む中、子どもたちはさらに困っているのではないでしょうか。だからこそ、大人が主体的に学んでいく必要があると強く感じます。

多様な繋がりから学ぶ性

包括的セクシュアリティ教育を主軸で学んでいる男性養護教諭と話していて、私なりに辿り着いたのは性に関わる話は全てのコミュニケーションの基礎になるということでした。例えば、保健室で問診するときは異性に対しての言いにくさを減らすために問診表の生理の有無を指さしてもらう、自分で記入してもらうなど本当に小さなコミュニケーションから配慮して、安心して話せる場をつくり、あなたの体のことを心配しているよというメッセージを集団でも個別でも伝え、信頼関係を築いているそうです。排便の有無を言いにくい子がいるのと同じように、性別にかかわらず体に関わることを話すときは「安心できる信頼関係」をつくることが土台だと学びました。今まで性に関する指導について、どこか大きな組織から学ぶことや本で専門的な知識を深めることばかり考えていた私は、「目の前の子ども」というもっと身近なところに目を向ける大切さに気付きました。

また、性別違和を抱える学生と一緒に女子大で行われた講演会に参加したとき「多目的トイレ」が少なくて困っている様子を目の当たりにして、私がただ生活しているだけでは気付けなかった性のリアルな困り感を教えてもらうこともありました。自分を大切にする、相手を大切にする、そのきっかけとして「体」があるだけで難しく考えすぎなくていい、と気付けたのは性別や年齢を超えた多様な繋がりがあったからです。

その価値観で大丈夫?

『不適切にもほどがある!』というドラマの主人公は、昭和から令和にタイムスリップしてしまうのですが、全てのエピソードの冒頭に「この作品には不適切なシーンが含まれます」という注意書きが出ます。時代と共に使われる言葉や文化、価値観が変わるというメッセージが込められた作品です。私は主人公のようにタイムスリップをしたわけではないですが、性に関わることで「あの発言は不適切だったかな？」と内心ヒヤヒヤすることがあります。大人側が知識をアップデートしないことで無意識に子どもを傷つけてしまったのではないかと過去の自分を振り返って反省することもあり、性と人権と健康は深く繋がっているのだと感じます。子どものためにも地域や家庭と連携しながら、特に意識してアップデートしていきたい分野です。

２０２３年に116年ぶりに改正された日本の「性交同意年齢」について音声配信アプリVoicyで私自身の学びをシェアしています。誰でも無料で聴けて通勤中や家事の間などスキマ時間で気軽に学べるので忙しい人にもおすすめです。よければ聞いてみてください。

性交同意年齢・性的同意についての配信

Tips　大人も性について気軽に学べる繋がりをつくる

4 目指すは保健委員会＝楽しい

保健委員会ってラクそう？

子どもに保健委員会を選んだ理由を聞いたら「ラクそうだから」と本音を言われ思わず笑ってしまったことがあります。言いたいことはわからなくもない、でも担当する身としてはポジティブな理由もあったらなと思っていました。保健委員会が一体何をするかわからず参加する子もいる中で、価値のある活動にするにはどうしたらと常に考えていました。

そもそも委員会活動とは、次のような位置づけの下で行われています。

・学習指導要領の「特別活動」の一部

・児童生徒の「自主的・自律的な活動」の一環

教員主体だとやらされ感が強くなってしまうので、子どもが自ら取り組む姿勢を育てるにはどうしたらいいだろうと、毎回頭を抱えていました。子どもから「ラクそう」より「楽しそう！」と思ってもらえるような委員会活動を意識していました。

委員会活動のコツ

ＳＮＳでアンケートをとったところ、各校様々な活動をしていることがわかりました。

●ＩＣＴ活用で効率的な常時活動（『養護教諭のための保健室ＩＣＴ入門』（明治図書・２０２４年））
・水質検査の結果をフォームで入力してチェック
・石けんやトイレットペーパー補充の在庫管理におけるリアルタイム共有
●主体性を引き出す体験型活動
・手洗いチェッカー、パームチェック

・AEDの使い方や応急手当、救急対応講習
・ストレス解消グッズ作り（小麦粉ストレスボールやペットボトルスノードーム）
・クイズラリーを企画して実施

●ICT活用でアウトプット力を伸ばす発信活動
・Canvaでポスター
・Canvaで保健新聞
・Kahoot!で熱中症予防クイズ
・スライドにナレーションを入れて保健劇
・タブレットで撮影した写真で怪我の多い場所マップ作り
・健康体操やストレッチ動画の撮影

素敵な委員会活動の共通点

たくさんのアイデアを学ぶ中で、素敵な委員会活動には共通点があることに気が付きま

した。それは、委員会活動がプロジェクト型学習（ＰＢＬ）に繋がっているということです。プロジェクト型学習（ＰＢＬ）とは子どもが自ら問題を見つけ、解決する能力を養う方法で、課題解決の過程を重視しアウトプットを中心に進行するのが特徴です。知識の定着や思考力の向上、コミュニケーション能力、情報リテラシー、モチベーション向上などのメリットがあるため教育現場で重要な手法とされているそうです。保健委員会でも、ＩＣＴをアウトプットツールとして効果的に活用し、子どもの主体性を引き出し「楽しそう」「やりたい」と思われる活動を目指したいですね。最近、高校の保健委員会で発信している Instagram アカウントを知りました。子どもたちにとって身近なＳＮＳの力を借りてアウトプットの場をつくるのも１つの選択肢となっています。

小浜高校保健委員アカウント👇

Tips

委員会活動はアウトプット重視

保健教育

5 あえてアナログのあたたかさ

デジタルVSアナログ

私は元々、超アナログ人間でした。保健だよりは全部手書き、振り仮名まで書き込むルビ職人。手書きが得意だったわけではないですが、立ち上げるのに数分かかるのんびりペースな校務用パソコンとせっかちな私の相性が合わなかったり、データ移行のためにインターネット用のログインと別アカウントでのログインが必要で手間がかかったり、数年前のデジタル環境は何かと使いにくいイメージがありました。そんな中GIGAスクール構想が始まり余計に知識不足に焦ったり、新しいことを始める難しさや、転びながら自転車の練習をしているときのような挫折感で何度も挫けそうになりました。

養護教諭１５００人を対象としたアンケートでは、「ＩＣＴ活用に自信がない」という割合が約80％とかなり高いことがわかりました。その背景には保健室のＩＣＴ環境の整備が遅れていることや研修の機会が少ないことなど、個人のやる気というより様々な課題が混ざっていることが明らかになりました。そんな中でもＩＣＴを活用している割合が高かった項目が「保健教育」でした。デジタルＶＳアナログではなく、「デジタル×アナログで保健教育を一気に加速させちゃおう！　というマインドで、手の届く範囲から初めてみるといいかもしれません。

差別化としてのアナログ

大学時代のゼミで「デジタル文字で溢れる現代であえて手書きの保健だよりを出すと印象に残りやすい」という研究について教授から聞いたことがあります。健康のありがたみは風邪を引いたときに気付くように、普段は特に意識しないものです。「今は困っていないから関係ないや～」と健康について関心が低い子どもたちに保健教育をしていくことは養護教諭にとって重要な役割です。当たり前だと大切さに気付きにくい、けれど全ての土台となるのが「健康」。保健教育で使う教材やおたよりは、他と「差別化」するための戦略として、アナログも有効な手段だったのかもしれない、と今改めて感じています。
初任者のときに指導教官だった養護教諭の大先輩に作ってもらった手作り教材は、子どもから大人気でした。ミニ保健指導に使ったり、掲示板に貼ったり、掲示し終わっても子どもから「先生あれ出して！」と休み時間にごっこ遊びの道具として引っ張りだこ。小学校で何役も活躍してくれた、うんちの旅のアナログ教材です。

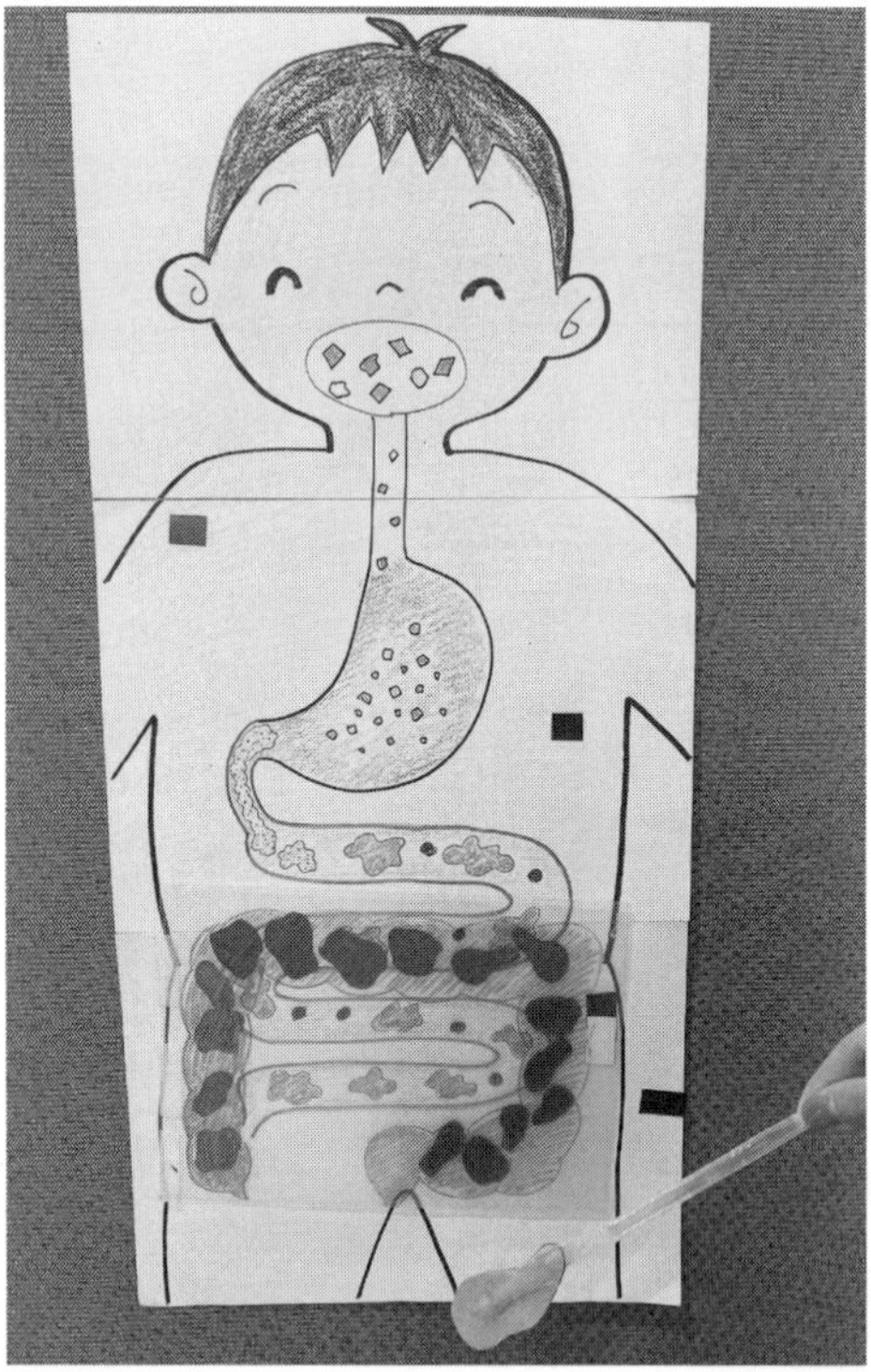

アナログ教材「うんちの旅」

SNS発信でも差別化というキーワードはよく聞きます。数多くあるコンテンツの中で他と差をつけるためには、①独自の視点やクリエイティブな発想、②データ分析の2点が大切だと言われています。先輩養護教諭の豊富な経験やアイデアはまさにクリエイティブだなと感じますし、保健指導の事後アンケートなどはデジタル化して集計することで効率的に分析できます。また、フォームで一人ひとり回収するのもいいですが表計算ソフトを共同編集すると相互評価や相互参照することができます。このように、デジタルとアナログを組み合わせて保健教育を加速させていきたいですね。

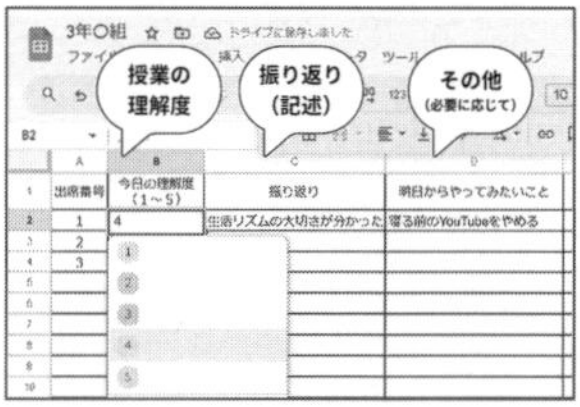

保健指導の事後アンケート

Tips

保健教育はアナログ×デジタルで加速

コラム

指導案アレルギー

私は指導案を書くのが苦手です。だから授業も何となく苦手だな…と感じていました。SNSをきっかけに繋がった担任や教科の先生と、職場の上下関係なくフラットに話をしていたら、他の先生方も指導案はあまり好きじゃない…と聞き「なんだ、みんな指導案を好きで書いてるわけじゃないのか！」とホッとした自分がいます。もし過去の私のように指導案がハードルになって授業全体に苦手意識をもっている方がいたら、少しもったいない気がします。最近話題のCanvaをきっかけに、楽しみながら教科の先生から授業のヒントを学ぶのはどうですか？『先生のためのCanva入門』（インプレス・2024年）はCanvaの操作方法と授業事例が同時に学べるのでおすすめです。私も寄稿しているので、指導案アレルギーの方も保健教育の幅を広げる機会に繋がれば嬉しいです。

第3章
救急対応あるある
焦らず対応するための基本

救急対応

1 休診日を狙ったように何か起きる

担任は教材研究、養護教諭は病院研究

眼科が休診の火曜日に狙ったかのように目の怪我があり、最寄りの整形外科が休診の木曜日に骨折疑いの怪我は起きるのが保健室七不思議の一つです。新しい学校に着任したら、最寄りの病院を調べて休診日をチェックするのが養護教諭あるある。近隣の学校の養護教諭同士で情報交換をすると、さらに裏情報をゲットできることもあります。縫合まで丁寧に対応してくれる病院とか、保険証の対応が最近変わった病院とか、保護者や地域の方からの情報収集も救急対応に繋がる大切な連携です。

教科や担任の先生が日常的に教材研究をするために教科書を開いて子どもにどう伝える

か考える姿と、全国の養護教諭が日常的に地域の医療機関一覧を開いて病院研究している姿は似ているように感じます。

初期対応は準備から始まる

救急対応は、子どもが保健室に来室した瞬間からスタートすると考えがちですが、実際には養護教諭はその前の段階で多くの準備を行っていると思います。例えば、電話の近くには常に地域の医療機関一覧を置いて、救急対応可能な病院や診療科ごとの連絡先がすぐわかるようにしたり、休診日や診察時間を表やカレンダーにまとめたり、緊急時に迷わず連絡できるようマニュアルを作成したりしています。また、日々の業務の傍らで養護教諭自身の知識のアップデートや、実技研修に行き自己研鑽して初期対応に迷わないための準備をしている人も多いと思います。養護教諭が日頃から行う地道な準備と自己研鑽が、緊急時の初期対応を支えています。

養護教諭と法的責任

救急対応で最前線に立つ養護教諭が、こんなときどうしたらいいだろう？　と不安や疑問をもったとき、過去に起きた学校事故の裁判例を具体的に知っておくことはとても大切です。最高裁判所の判例検索システムからオンライン上で誰でも見ることができます。ただし、感情がジェットコースターになるので休憩しながら見ることをおすすめします（私は寿命が少し縮んだ気がします…）。

裁判で争点となるのは「事前にどれだけ準備していたか」という点で、特にマニュアルが作成されているか、訓練や改善がされていたかという事前準備が問われます。学校保健安全法第29条では危険等発生時対処要領（危機対応マニュアル）を作成するものと規定しています。17ページで述べたエマージェンシーアクションプランもその1つで、行事や活動ごとに応じてシナリオ別に準備するものです。また、日本AED財団のHPから学校での緊急時対応計画のテンプレートをダウンロードすることができます。

ＡＥＤ財団ダウンロードコーナー

準備力を高めるために

救急対応に関して責任感を強くもっている養護教諭の皆さんは、これまでのページを読んで不安や焦りを感じた方もいたのではないでしょうか？　もしも子どもが大怪我をしたら…万が一裁判になってしまったら…全国で起きている学校事故は「明日は我が身」かもしれません。

ここで一旦肩の力を抜いて好きな飲み物をマグカップに注ぎ、リラックスしてくださいね。息を整え、心を落ち着ける習慣は一つの「準備力」です。この章を書くだけでも心拍数が上がるほどでした。皆さんは日々大きなプレッシャーを感じていると思います。子どもの安全を守り命を預かる、本当に責任ある役目を果たす養護教諭ってかっこいい！

Tips

初期対応は「準備」が９割

救急対応

2 学校でどこまで対応する？

先生大変です！

「先生！　大変、大変、大変！」と子どもが呼びに来て、慌てて救急セットを持って駆け付けると、指の先からちょ～～っぴり血が出ていて内心ホッとするのが小学校の保健室あるあるです。付き添いの子が何人も一気に「先生、大変！」と大騒ぎして「で…怪我した子は、どこ!?」という状態になることも（そして付き添いの子は戻ってね、が口癖に）。小学校低学年は鼻水、鼻血、涙が大洪水なので教室にトイレットペーパーが常備されていたり、絆創膏が言えなくて「バンコーソください」と言っている様子がほほえましかったり、とにかく保健室では些細なものから緊急のものまで、次から次へと事件が起こります。

救急車を呼ぶべきか迷ったら

緊急の場合、学校現場はためらわず119番通報するのが基本です。一方で、あくまで私の考えですが、養護教諭の養成課程は理論から学ぶ知識（理論知）がメインで、実際に体験することによって得られる実践的な知識（経験知）が学生時代に不足していると感じます。頭部打撲1つにしても対応は様々で、教育実習の4週間で学べることは限られるのでどうしても経験知不足で現場に出ることになり困りました。

救急安心センター事業（#7119）は救急車を要請すべきか病院へ行くべきか迷ったときに医療相談をしてくれます。それ以外にも症状に応じた応急手当の方法のアドバイスや、緊急性が高い場合はそのまま消防署に電話を転送してくれます。このようなツールを活用することは、経験や事例の蓄積となるので、次の機会に備えることにも繋がります。より早く対応するためには、養護教諭や教職員が最低限必要な知識と技術を身に付けることが重要ですが、緊急対応で思わぬトラブルを回避するためにお守りとして#7119を知っておくと便利です。

頭痛が続く子がいたら

「先生、頭が痛いです」と頭痛を訴える子が来たときの私の脳内は勝手に一問一答が始まります。熱はあるかな？　昨日寝た時間はどうだろう？　朝ごはん食べたかな？　他に痛いところは？　いつから続いてる？　気圧の関係は？　目の疲れは？　保健調査票に持病が書いてあったかな？　頭をぶつけた可能性は？　他に事情を知っている人はいる？　今は算数の授業中、確か苦手って言ってたような？　最近仲が良かった友達の話を聞かないけど何かあったかな？　騒がしい環境が苦手？　誰かに嫌なこと言われた？　困ってることがある？

そんな中でも、重大な病気の可能性だけは見落とせません。ユビーというAI問診アプリは一問一答で気になる症状について答えると関連する病気や対処法の情報を得ることができます。

実際に使ってみると、アプリの問診の選択肢は普段の声かけに生かせるので養護教諭自身の学びにも繋がります。

症状検索アプリ「ユビー」

学校でできる対応

学校での対応は、医療現場と同じ環境が整っているわけではなく、医療行為もできません。そのため、迷ったらオーバートリアージでも緊急度の高い方で考えることが大切です。オーバートリアージとは、医療従事者が行う災害時や緊急時のトリアージ（患者の重症度に基づいて治療の優先順位を決める作業）の際に、本来は重症ではない患者が重症と判断されることです。しかし、学校現場は最悪の事態を想定して慎重に素早く対応する必要があるので、迷ったらオーバートリアージを恐れない判断が必要だと思います。そう考えると、冒頭の「先生、大変！」と呼ばれて行ってみたら案外ちょっぴりの怪我は、まさにオーバートリアージでしたね。

Tips

迷ったらオーバートリアージを恐れない

救急対応

3 同時に複数の来室

初任者研修で、来室対応のシミュレーション研修を受けました。同時に何人もの来室があったときにどうアセスメントして優先順位をつけて、誰に指示を出して、どう動くかの研修です。そこでは保健室によく来る常連さんを味方につけましょう、と聞きました。初めて聞いたときは「え？　子どもに頼っていいの？」と驚いたのですが、今はよくわかります。子どもたちは養護教諭の動きをよく見ていて、石けんの補充はいつもここから出しているよ、絆創膏はここにあるよ、など養護教諭不在時にサポートしてくれることがあります。緊急時には、急いで校内を走って他の人を呼んできてくれる子もいます。小学校高学年では保健分野の応急手当の単元で人命救助を学びます。保健室ヒューマンドラマ「放課後カルテ」では小学6年生がたった一人で人命救助を行うたくましいシーンが描かれています。命を助けるのは養護教諭一人ではなくそこにいる全ての人のチームワークです。

一人30秒で判断

救急救命士の資格をもつ養護教諭の方と話していて忘れられなかった話があります。それは、緊急時や災害時には一人につき30秒で優先順位を判断しているということです。そして、それを普段の保健室でも習慣化することで、熱中症のような症状の子が同時に来室したときや、怪我や体調不良の子どもがたくさん来室してもスムーズに対応できるそうです。30秒で判断するポイントを知っておくことは養護教諭に限らず大切だと思います。

緊急時のポイント

詳しくはVoicyで紹介しています☞

シミュレーションはよりヒヤっとする設定で

もしも、その場に大人が自分しかいないとき、校庭の人目につかない場所で、子どもが目の前で倒れたところを目撃したら心肺蘇生法を先にする？　それとも人を呼びに行く？　もし図書室の扉を開けたら、いつからかわからないけど子どもが倒れていた。心肺蘇生法を先にする？　それとも人を呼びに行く？

この究極の選択のような、想像するだけでヒヤっとして「ちょっとヤバいな、自分はもう少しこの想定をしておかないとな」と思うくらいの研修が、危機管理においては必要なのではないでしょうか。教職員向けの現職研修は、決まりきった内容の研修になりがちです。でも、「その学校」「今通っている在校児童生徒」で起こりうる状況を想定して、危機管理研修をすることは重要だと思います。知識を「知っている」から「できる」に繋げる、シミュレーション研修を行っていきたいですね。

良質なチームワークとコミュニケーションが命を繋ぐ

教員同士がお互いを尊重し合った風通しのいいコミュニケーションをとっていないと、緊急時の連携でミスが起きるかもしれません。知識や判断のスキルを身に付けることも大切ですが、最後に人の命を繋ぐのは「チームワーク」と「コミュニケーション」です。

私もいまだに自分自身の救急対応の知識が足りないと感じています。でも、それでいいんです。自信がないときこそ、「これでいいんでしたっけ？」「こうでしたよね？」と自分の中にとどめないで、口に出して伝え合っておくことが大切なんです。失敗を恐れず対話できる心理的安全性のあるチームこそ救命の連鎖に繋がると思います。

救急救命に関する養護教諭の対談

Tips

普段のコミュニケーションこそ緊急時に繋がる

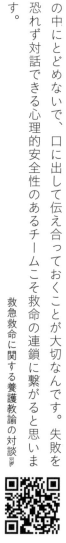

救急対応

4　不在の翌日には何かを探した痕跡が…

とある朝、小学3年生の娘が食パンをテーブルに直接置いて食べていました。（我が家はダイナミック育児で有名ですが）さすがの私も、「お皿を使ってよ〜！」と言うと、「お皿がどこにあるかわからなかったんだもん」と娘が答えました。これは、キッチンに何があるかを「私しか」知らないことで起きたことです。このままじゃ、いつまでも私が全てやらないといけなくなる？　私がいないときでも、どこに何があるかわかるようにするには？　とハッとさせられる一言でした。つい、頭ごなしに小言を言ってしまいそうになりますが、そもそも大きいお皿の場所を教えていなかったり、言わなくても見ればわかるような場所に置いておいたりすれば、余計な小言を言わなくて済みます。事前の仕組み化が足りなかったことは原因の1つなので、自分がご機嫌でいるためにも（という、自分本位な理由ですが）仕組み化は大切です。これは保健室にも言えることではないでしょうか。

よく使う絆創膏やマスク、嘔吐処理用のバケツや着替えがどこにあるか「養護教諭しか」わからないと、困る場面があると思います。保健室を不在にした翌日に、あれ？　引き出しが無造作に開いている…誰かが何かを探した痕跡がある…と不在時に慌てて対応してくれていた様子が目に浮かぶのが、保健室あるあるです。

ここでまず、属人化と標準化の話をしたいと思います。

属人化：特定の業務が特定の個人に依存している状態
標準化：業務やプロセスを誰でも再現できる形で整理・マニュアル化し、個人に依存しないようにすること

つまり、属人化とはある業務やスキルが一部の個人にしか理解されておらず、その人がいなければ業務が滞ってしまうような状況です。大きいお皿の置き場を私しか知らなかったのは属人化していたからです。そして、保健室に養護教諭が不在のときに学校全体が回らない状態は属人化していると言えます。

属人化しないコツ

家にいつも私がいるとは限らない状態で、お皿の置き場所を私一人だけが知っている状況は他の人にとって不便です。保健室でも、養護教諭が不在時に嘔吐があって困ったんですよ、と他の先生から言われるとつい「保健室を不在にしてしまった自分」に責任を感じていました。でも「人を責めずに仕組みを責める」という考え方があるように「物品は入り口に置いて周知して、わかりやすいマニュアルをつくって研修もして、誰でも対応できるようにしよう！」と、属人化していた仕組みを見直す方が建設的です。お互いができるときにできることをし合う空気であれば、無駄に人間関係でモヤモヤしなくて済みます。

- よく使うものは誰でもすぐ出せるようにする
- 物の住所を決め使ったら戻せるようにする

右に記載したことは、属人化を避けるためのコツです。

誰が休んでも回る仕組みづくり

よく、小学校高学年の学級経営では「担任がいなくても大丈夫なクラスを目指しましょう」と言われますが、もちろんずっと不在で大丈夫というわけではなく、実際は一人ひとりの自主性や主体性を引き出す関わりが大切という意味なのだと思います。養護教諭の保健室経営も、養護教諭が休んでも回る仕組みづくりを目指しますが、それは緊急時オロオロしてしまう学校体制ではなく、いざというときは協力し合えるような体制が理想という意味です。校内研修や普段のコミュニケーション、必要なものはサッと出せる仕組みづくりをするのが大切です。とはいえ、私はまだまだ全く偉そうに語れない未熟者なので、我が家のお皿の位置の見直しのように、まずは小さなことから一緒に始めてみませんか。

Tips

属人化しない仕組みづくり

5 熱中症予防は板挟み

10年ほど前は、「雨」で中止ならまだしも「暑さ」で行事を中止するなんて！　という雰囲気が社会的にありました。そんな春の暑い日、運動会が行われました。校庭に置いた熱中症指数計は「原則運動禁止」の数値に。私は、体育主任の先生に「このまま午後も続行すると危険です」と相談するも、どうしたらいいのか困った顔をしていました。そして2人で一緒に管理職に相談した結果、午後の競技をカットするという判断になりました。

その後の職員室は、大混乱でした。せっかくここまで練習してきたのに子どもたちがかわいそう、6年生は最後の運動会を楽しみにしていたのに…残りの種目はどうするの？　保護者も別日に仕事を休んで見に来るのは大変じゃないか、などなど。運動会に向けて熱心に取り組んでいる様子も見ていた私は、それぞれの思いがあるからこそ心が苦しくなりました。職員室からは中止の決断をした管理職への批判も聞こえてきました。でも、そのときも今も、子どもたちの安全と命を最優先して午後の競技をカットしたのは英断だと思っています。あの場でもし、同時に何人も熱中症で保健室対応をすることになっていたら、当時の私は対応しきれなかったかもしれない、と想像するだけで背筋が凍る思いです。

板挟みの気持ちに悩んだ20代

もし大多数が賛成する中で、あなた一人が反対の立場なら、どうしますか？

誰からも好かれる人なんて存在しないと頭ではわかっていても、つい嫌われたくないから周りの顔色をうかがっていた20代。でも養護教諭として働く中でいつか、自分一人だけ周りと意見が違うという場面に出くわすかもしれません。冒頭の運動会では管理職の先生が主導となり判断しましたが、学校行事に限らず日々の救急対応の一つひとつとっても養護教諭は１年目から管理職のような責任感で判断する立場だと感じます。でも、若手の頃の私は自分の意見をつらぬき通す強さや勇気が足りなかったなと振り返って思います。養護教諭に限らず、誰しも内心ちょぉっと違うよな〜と思いながら全体の空気に合わせて、モヤモヤした気持ちを飲み込んだ経験があるはずです。私は30代になって経験も自信となり、やっと少し堂々と（そしてちょっぴり図々しく）意見を言えるようになったと感じます。でも年齢にかかわらず、普段のコミュニケーションから意識して自分の思いを率直に、そして誠実に伝えることはとても大切だと感じます。

論理的判断ができるかどうか

あらゆるミスや失敗が生まれる原因の一つに「空気的判断」という思考があるそうです。山本七平さんの『「空気」の研究』（文藝春秋・1983年）という本によると、「空気的判断」とは、場の流れや暗黙のルール、感情、周囲の人々の反応によって影響される判断のことを指します。内心ちょっと違うなと思いながら全体に合わせるのも空気的判断です。そして、その反対が「論理的判断」で、明確なデータや論理に基づいて意思決定を行うことを指します。もしも養護教諭として熱中症予防に関して、このまま運動会を続行するか中止するかの板挟みになったときは論理的判断ができる人でありたいですね。私は普段、『はじめてのおつかい』を見て号泣するほど涙腺の弱い感情的なタイプです。でも、養護教諭として仕事をするときは論理的に（それってあなたの感想ですよね、と言えるくらい）冷静に判断したいところです。

そのためにも根拠あるデータを日頃から集めておくことは大切です。熱中症に関する情報は、環境省の「熱中症予防情報サイト」がまとまっているので便利です。文部科学省の「学校における熱中症対策ガイドライン作成の手引き」も参考にして必要に応じて各校でマニュアルを見直すことも大切です。また、近年は熱中症の実技研修も注目されています。簡易プールやブルーシートによる氷水浴法、水道水散布法、全身アイスタオル法などを校内研修に取り入れてみるのも効果的ですよ。

Tips

熱中症予防は根拠あるデータ&実技研修

ビジュアルにこだわった救急対応推し本

推し活でよくある2択、ビジュアル（外見）か中身（性格）か。そんな二者択一ではなく、中身もよくてビジュもよい、救急対応の推し本があります。『養護教諭のための救急対応バイブル』（スポーツアライアンス・2023年）は対応の流れや準備する物品が写真でわかりやすく載っています。学校管理下での重傷事故で多い「3H（Heart＝心臓、Head＝頭、Heat＝熱中症）」が特に重点的に解説されていて、対応の流れとセリフは、そのまま校内研修で使えるので便利です。著者の剱持佑起さんは、アスレティックトレーナーの資格をもち、養護教諭と共通点があると述べていました。非医療従事者でありながら現場の最前線で救急対応を求められる立場で、これは医療行為？　どこまでやっていいの？　というグレーな部分に一緒に向き合う異業種の方がいるのはとても心強いです。

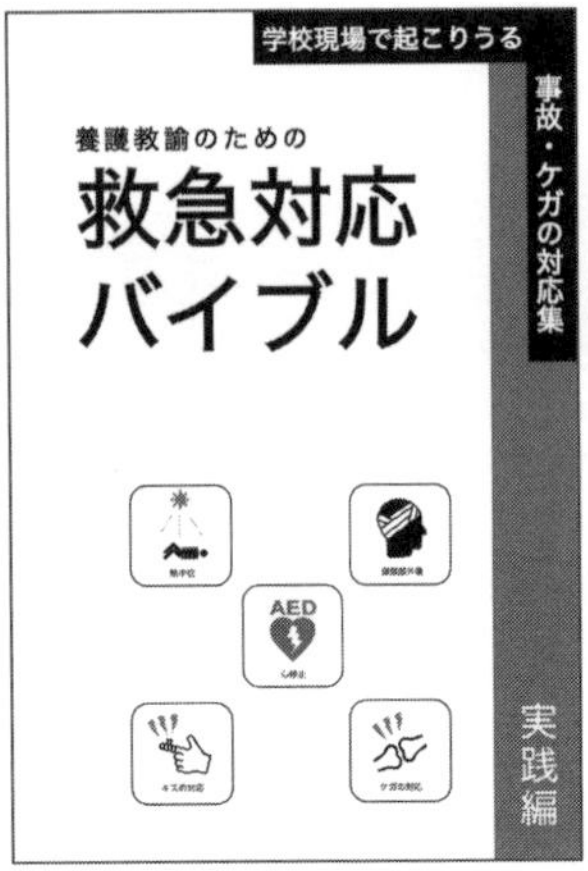

第 4 章

健康相談あるある

SOS を見逃す人から気付ける人へ

健康相談

1 保健室に丸投げ？　にモヤモヤ

「仕事を丸投げされたあなたの気持ち、ぜーんぶ受け止めます！　丸投げ愚痴相談窓口にようこそ！」なんて窓口があったら、私は迷わず「すみません、もう限界です～」と訪れて愚痴を（軽く5時間は）こぼせるほど、仕事が手一杯の時期がありました。

特に保健室登校の対応については、行き当たりばったりの支援や一人で抱え込む対応より、チームで同じ方向を向いて協力した方が子どもにとってよい環境をつくるのに効果的だと思います。それでも、実際は養護教諭の方から「担任の先生が保健室に見に来てくれない」「突然、事前の相談もなしに保健室登校が決まっていた」というお悩み相談がSNSで後を絶ちません。

「保健室利用状況に関する調査報告書（令和４年度調査結果）」（公益財団法人日本学校保健会・２０２４年）によると、保健室登校の割合は、小学校44.8％、中学校35.1％、高等学校

34.5%で、決してめずらしいことではありません。

保健室登校とは

保健室登校については、誰か一人が勝手に決められることではなく「教職員のための子どもの健康相談及び保健指導の手引」（公益財団法人日本学校保健会・2022年）が示す5つの条件がそろっていることが大切です。

①本人が保健室登校を望んでいるか
②保護者が保健室登校を理解しており、協力が得られるか
③全教職員（校長、学級担任、学年主任等）の共通理解及び協力が得られるか
④保健室登校に対応できる校内体制が整っているか
⑤支援計画が立てられているか

「教職員のための子どもの健康相談及び保健指導の手引」（公益財団法人日本学校保健会・2022年）

保健室登校といっても様々で、毎日来る子、来たいときだけ来る子、雑談だけしに来る子、給食だけ食べに来る子など、頻度も期間も目的も人によってバラバラです。そして、必ずしも「教室に戻ること」が本人にとって目標にならない場合もあります。どのようなかたちでもいいから、子どもが前向きに過ごせる方法をみんなで考えましょう、というスタンスで向き合うことが大切ですね。

保健室に丸投げされたら

もしも、保健室登校の子の対応を突然丸投げされ戸惑ったとしても、目の前の子どもの居場所づくりは大切です。そして、保健室登校に対して養護教諭が一人で頑張る必要はありません。校内で相談するのは担任の先生がまずは最優先ですが、その他にも学年の先生やスクールカウンセラー、相談員の先生などナナメの関係を広げるためコーディネート力を発揮している養護教諭の方は多いと思います。また、保健室登校のサポート体制づくりにはパレートの法則も活用できます。パレートの法則とは、「80対20の法則」とも呼ばれていて、ビジネス場面では「質のよい2割の顧客が売上の8割を支えている」という例が有名です。サポート体制で言えば、重要な2割の人間関係が、8割の安心感を生み出しているということです。もちろん子どものために教員10割が同じ方向を向けたら理想ですが、それぞれの考えがあるのでなかなか難しいのも現実です。全員は無理でも校内で2割の相談できる存在を見つけることで、8割のサポート力に繋がります。

また、子どもの状態やタイミングによって、もしかしたら保健室が居場所として合わない可能性も想定して、校内の他の別室（図書室や相談室）、教育支援センターや教育相談センター、子ども家庭センターなどの学校外の機関、フリースクールやオルタナティブスクールなどの支援機関や施設の情報も収集し、たくさんの居場所とつなぐハブのような役割も果たすことが大切です。

Tips

養護教諭も相談できる存在を見つける

健康相談

2 怠け・サボり？ 充電期間？

娘がインフルエンザに罹ったとき、かなり高熱だったのでアイスやゼリーだけでもいいから、としばらく食べられるものを中心にしていました。その後、体調が回復したのはいいのですが「あのときはたくさんアイス食べてよかったのに」と言い出したので「体調が回復するために必要だったからだよ」と説明すると、不満そうでしたが納得した様子でした。私自身、これは甘やかしではなくて、休養に必要な手段だったのだと頭ではわかっていても、つい心の中では甘やかしすぎたのかなと迷ったり、無理やりでも栄養のある食事を食べさせるのが正解だったのかなと、いろんな感情が浮かび上がったりしました。

メンタルヘルスの課題

「心と身体は繋がっている」とよく言われますが、ここまで肌で感じることができる仕事は他にないかもしれません。「熱のときのアイス＝甘やかしすぎ？」と感じるような私は「気合・努力・根性」を叩き込まれた昭和な価値観がまだ少し残っていて、養護教諭としても保健室で休ませることが甘やかしなのか、必要な充電期間なのか悩みながら対応していました。食事量ならまだ目で見てわかるので、足りないな、多すぎたなと判断しやすいですが、心の問題はそうはいきません。声をかけたときのちょっとした表情の変化、顔色や声のトーン、前後の行動をよく観察しながら対応する必要がありますが、こうなればこう、というセオリーもなければ、1＋1＝2といった正解もない中で対応する難しさがあります。

学校復帰を目標としない

「不登校を悲観しなくていい」「必ずしも学校復帰を目的とはしない」ということは、文部科学省の「不登校に関する調査研究協力者会議」で示されました。とはいえ、文部科学省の通知が出たら次の日にすぐ社会全体の意識がガラッと変わるわけではないので、早く教室に戻れるようにと急かす先生がいるかもしれませんし、無理やり学校に連れてくることが本人のためだと考える保護者の方もいるかもしれません。不登校を後ろめたく感じる子どもがいるかもしれません。それは、今が学校体制の過渡期だからなのだと思います。

あくまでも私の場合ですが、養護教諭も教員の立場なので、まずは学校が少しでも居心地のよい場所になればいいなと思い取り組んできました。学校以外の選択肢はもちろん大切ですが、あっさりと「もう学校へは行きません」と言われると、寂しい気持ちや、学校へ戻るための一歩を提案したい気持ちも出てきます。でも、同時に「学校へ行くことだけが唯一の道ではない」と相反する気持ちを抱えて葛藤しながら、その子にとって最も安心できる方法を模索してきました。

不登校という言い方を変えたい

不登校という言葉には「不」という文字が入っているので、どこかネガティブな響きがあります。スポーツの世界では休養をとることを「リカバリー」といって、プラスの意味で使います。今後のパフォーマンスを高めるために必要な休養という意味です。不登校を

「問題行動」だと思ってしまいがちな周りの大人の考えから変えていけたらいいなと思います。子どもたちは「休み方」について学ぶ場があるのだろうかと考えたことがあります。「しんどくても休んではいけない」と、誰にも相談せずに一人で抱え込んでいる子もいれば「その休み方をズルズル続けていると、かえってつらいんじゃない？」というケースもあります。アクセルとブレーキ、頑張るときと休むときのバランスを、一緒に考えながら支援するのは、これからの養護教諭の大事な役割だと思います。

大人でも、休むたびに自分を責めたり、これくらいで休んでいいのだろうか、と悩んだりする人は多いです。休む罪悪感を手放して、ポジティブなリカバリーととらえられるとよいなと思います。

Tips

子どもも大人も休む罪悪感を手放そう

3　普通って何だろう

起立性調節障害がテーマの映画『今日も明日も負け犬。』をご存知ですか？　起立性調節障害の当事者である女子高生が監督として率いる全員学生のチームで作られた人気作品で、小説化もされています。みんなと同じができない、普通や当たり前って何？　と葛藤している保健室登校の主人公の心情がリアルに描かれている実話です。

起立性調節障害は、自律神経系の働きに問題が生じ、体位変換（立ち上がったり座ったりする動作）に対する血圧や心拍数の調整がうまくいかなくなる状態です。特に朝に症状が現れることが多く、子どもや思春期の若者に見られ、主な症状は、朝起きるのが非常に困難、めまいや立ちくらみ、頭痛や倦怠感、動悸や息切れなどです。

症状は人によって個人差があり長引いたり重症化したりする人もいて、学校では、怠けやサボり、甘えではないと周りが理解することや、登校方法や進路などを複数の選択肢から選べるよう配慮する、などが大切です。

目に見えないことで起こる偏見や差別

起立性調節障害に限らず、目に見えてわかりにくいことで生じる偏見や差別から、子どもが傷つくことはよくあります。起立性調節障害についての啓発活動をしている方からお話を聞いたところ、活動を始めたきっかけは「この病気で一番大切なのは一人でも多くの理解者を増やすこと」という当時の主治医の一言だそうです。発達障害やLGBTQに関する悩みがある場合も、同じように一人でも多くの理解者を増やすことは重要なのではないでしょうか。本人は「しんどい」の一言しか発しなくても、その背景には私たち大人が想像するよりも多くの意味が含まれているかもしれません。学校にとってできること、できないことがあるのは当たり前で、特別扱いするというわけではなく、ほんのちょっと心を寄せて歩み寄って言葉の裏にある気持ちを一緒に考えながら子どもに向き合ってきました。私が実際に保健室の対応で意識していたことの一部を紹介します。これらはほんの一例で、大切なのは「しんどい」の裏に複数の意味があると想像して話を聞くことです。

保健室の対応で意識していたこと

①心配なことがある

苦手な教科の勉強がわからない、友達に嫌なことを言われた、家庭でトラブルがあった、などの心配事は、こうしたら？　と答えを与えるよりも一緒に考えてみます。

②居場所がない

教室が苦手、家では本音を言えない、そんな居場所のない状況は敵だらけのサバンナにいた状態。ここまで耐えたことを大変だったね、と労いながら新たに安心して役割をもてる居場所を探してみます。

③やりたくない

出さなければいけない提出物がある、勉強をやる気がない、という場合は前後の「きっかけ（何をすればいいかわかっていない、やろうと思ったのに叱られた、など）」や「結果（難しいと思い込む、やる気が出ない）」を考えてスモールステップの提案をします。

④つらいことがある

嫌なことを言われた、自分で自分を責める、などでつらいときはスケール化して「今のつらさレベルは1から10のうちどれくらい？」と問いかけながら必要に応じて医療や専門機関への相談に繋げます。

⑤本当に体調が悪い

長く続く不調は見落としてはいけない重大な病気のこともあるので、毎日のように体調不良を訴えるからといって油断せずフィジカルアセスメントは欠かさず丁寧に行います。

Tips

子どもの言葉の裏にある意味を考える

健康相談

4 共感が何よりの絆創膏

これって私だけかな？　と思っていた悩みを、養護教諭同士で「あるある〜」と笑い合えたとき、何だか救われた気持ちになって前に進むことができた経験があります。そうそう、ここをわかってもらえて嬉しい、という気持ちは何よりも強力な心の絆創膏になるのかもしれません。

子どもたちも同じように、言葉でうまく表せないモヤモヤした気持ちを誰かに共感してもらうことで救われると思うと本物の絆創膏ではなくて、話を聞くことが手当てになると思います。

自傷行為が絆創膏

「当時はリストカットが心の絆創膏になっていた」と子どもから聞いたとき、自傷行為に対するとても大切な考え方だと感じました。つらくて、悲しくて、苦しい気持ちを言葉で伝えるのが難しいときに、体の痛みで心の痛みを逸らすための行為。無理に止めると余計につらくなるのが想像できます。深刻なストレスや心理的な苦痛の表れである自傷行為は、援助希求のサインとして見逃してはいけないポイントです。自傷行為への初期対応は①頭ごなしに「自傷行為をやめなさい」と言わない、②援助希求行動を評価する、③自傷の肯定的な面を確認し共感する、④エスカレートに対する懸念をする、⑤もうしないでなど無理な約束はしない、などが重要とされています。そして、最も重要なことは支援者が一人で抱えないことです。自傷行為は感情が揺さぶられやすい面があります。信頼関係を築いて話を丁寧に聞くことも大切ですが、必ずチームで対応することを心がけていました。校内の教職員だけでなく、スクールカウンセラーや必要に応じて医療機関へ繋ぐことなど、視野を広くもって対応することが大切だと思います。

健康相談のポイント

ストレスによる心身のバランスの崩れにいち早く気付くことは大切ですが、「問題行動＝ダメ」という思考にとらわれて過剰に否定したり、すぐに頭ごなしに指導したりしないよう注意が必要です。あくまでも、子どもの発するＳＯＳに素早く気付き、その背景に寄り添う姿勢を大切にしながら子どもの話を聞くよう意識していました。

子どもの発するＳＯＳの例

①不定愁訴はないか
②生活習慣が乱れていないか
③忘れ物が増えてないか
④欠席が増えてないか
⑤自傷行為が見られないか
⑥急に一人で過ごすようになっていないか

右に記載した以外にもたくさんのサインが考えられます。

保健室で甘やかさないで

「保健室で甘やかさないで」と担任の先生から言われたという養護教諭の方から相談を受けたことがありますが、子ども目線で考えたときに保健室で過ごす時間が「絆創膏」の役割をしている可能性もあります。それぞれの先生ごとに学級経営方針があるように、養護教諭の数だけ保健室経営の軸があります。チーム学校として一枚岩となり、子どものために何かできるか？　という視点で対話することはとても大切ですね。

Tips

心にも絆創膏が必要なときがあると意識する

健康相談

5 看護師でもカウンセラーでもないけど…

昭和・平成・令和の保健室

ここで少し保健室の歴史を私なりにまとめてみました。養護教諭の始まりは目の病気の流行がきっかけです。全国で学校看護婦が置かれ、それが養護教諭へと変わっていきます。そこから昭和の保健室では、感染症対策や栄養バランス・体力向上など体の健康を中心に健康教育を行っていました。平成になると保健室での健康相談活動が養護教諭の仕事として明確化され、心の健康も重視されるようになりました。そして、令和の保健室はいじめや不登校の対応、居場所としての役割も大切になってきています。

こう見ると、養護教諭の仕事が体↓心↓社会へと広がってきているように感じるのは私だけではないはずです。「健康とは、身体的、精神的、社会的に完全に良好な状態であり、単に病気や虚弱でないことではない」というのはＷＨＯが定める健康の定義です。養護教諭の仕事は時代と共に多様化していて、過酷な感情労働だということもよくわかります。最近は、養護教諭の教員免許を心理系の学校から取得する人も多いですが、看護系、教育系、それ以外にも様々な道から養護教諭になる方がいます。たまに、海外のスクールナースと比較して「養護教諭じゃなく看護師を置けばいいじゃないか」「カウンセラーと何が違うの？」と議論されたりします。私は養護教諭の制度や歴史について詳しいわけではないですが、わずかな養護教諭経験で自分なりに考えついたのは、こ

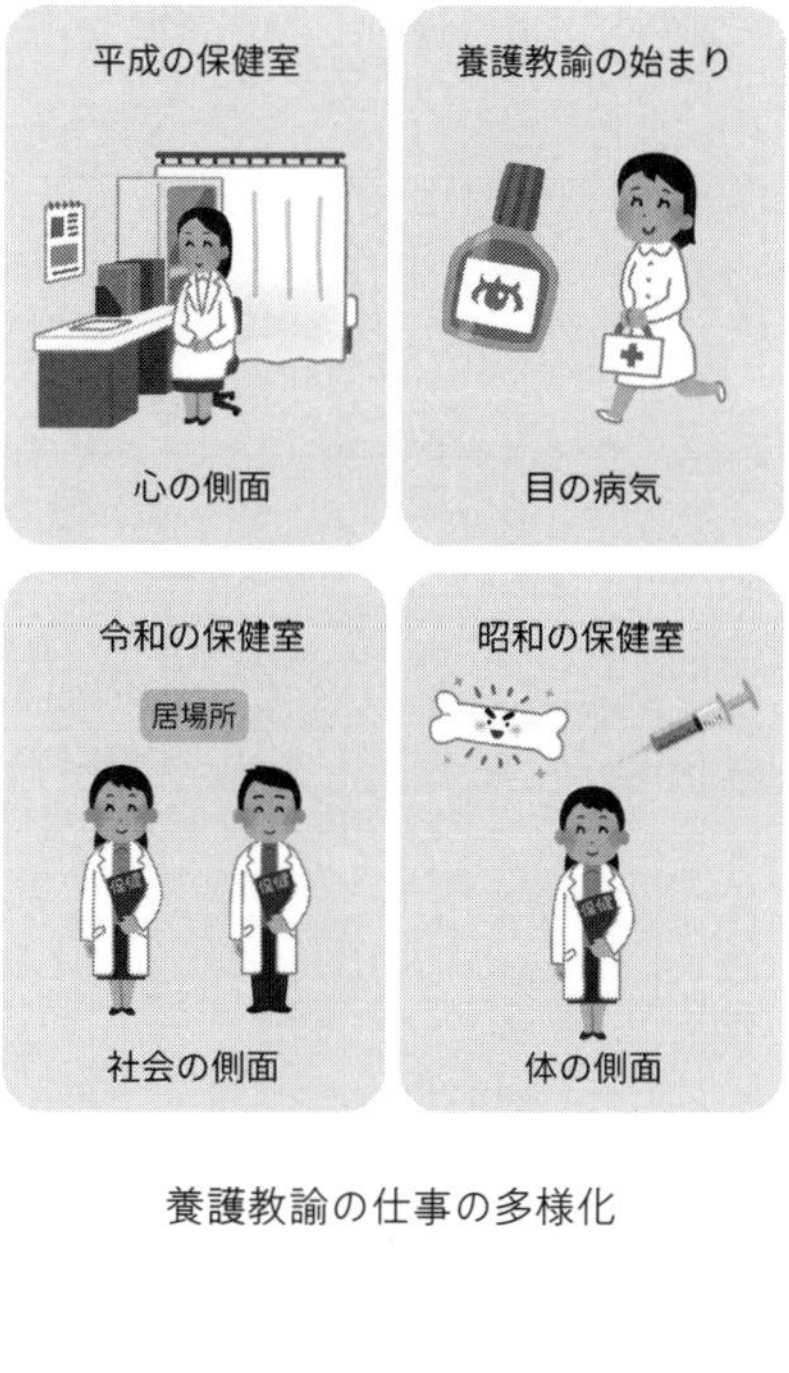

養護教諭の仕事の多様化

の養護教諭という立場は医師でも看護師でもカウンセラーでもなく教員なのだという役割を自覚し学び続けながら、結局は「人として子どもにどう向き合うか」が全てなのではないかということです。

「境界線（バウンダリー）」を大人も学ぶ

養護教諭は共感性が高いからこそ子どもの変化に素早く気付くことができます。一方で、共感性が強いからこそ「共感疲れ」しやすい環境にあると思います。人の悩みはほとんどが人間関係だと言われています。そこに大切な自分の時間を使い過ぎないようにしたいですが「人の悩みを聞く」のが仕事の一つでもあるのでなかなか難しいと感じます。

そこで大切にしたいのが「境界線（バウンダリー）」です。境界線がしっかりしていると、ストレスや疲労を感じにくく、健康な対人関係を築けるそうです。一方、境界線が弱い場合、他人に利用されたり、感情的に消耗してしまったりすることも。境界線を守るためには、他者に対して自分の限界を明確に伝え、尊重し合うコミュニケーションのスキルが大切です。

　境界線の話は、性に関する指導や人権教育にも関わってくるため、子どもたちにこそ伝えたいテーマとして注目されています。子どものための動画教材は、大人にとっても、勉強になることが多いです。

　YouTube の「福岡県性暴力根絶チャンネル」では小学校高学年向けに「境界線」の重要性を説明している動画があります。その動画では、身体的、感情的、持ち物に関する境界線があり、それぞれの境界線が破られたときに感じる不快感についても触れ、自分の気持ちを大切にし、境界線を引くことで自分と相手を守ることができると伝えています。

小学校高学年向け性暴力根絶啓発動画「境界線ってなに？」

　これからの保健室では「境界線（バウンダリー）」も一つのキーワードになると思います。

Tips

境界線（バウンダリー）を意識する

子どもにゆとりをもって向き合いたい

特別支援学校の先生である平熱さんの著書『「ここ塗ってね」と画用紙を指差したわたしの指を丁寧に塗りたくってくれる特別支援学校って最高じゃない？』（飛鳥新社・2023年）には、思わずクスっと笑ってしまう子どもの様子が描かれています。子どもとの関わりにすぐに使える実践的な知識やスキルも大切ですが、この本は「愛のあるユーモア」で今目の前の子どもとの状況を楽しむのはどう？　と提案してくれます。さっきまでスタスタ歩いていたけど保健室の前でしんどそうに歩き出したのを、わかっていても知らぬふり。休んでいいよ、と心にゆとりをもって受け止めたり。平熱さんの言葉を借りるなら「ボーナスがどう考えても2億円足りない」と思う日もありますが、養護教諭の大変さや悩みも「愛のあるユーモア」でとらえて子どもにゆとりをもって向き合いたいなと思います。

第5章

健康診断あるある

ICTを120%使いこなす
仕事の抱え込み防止術

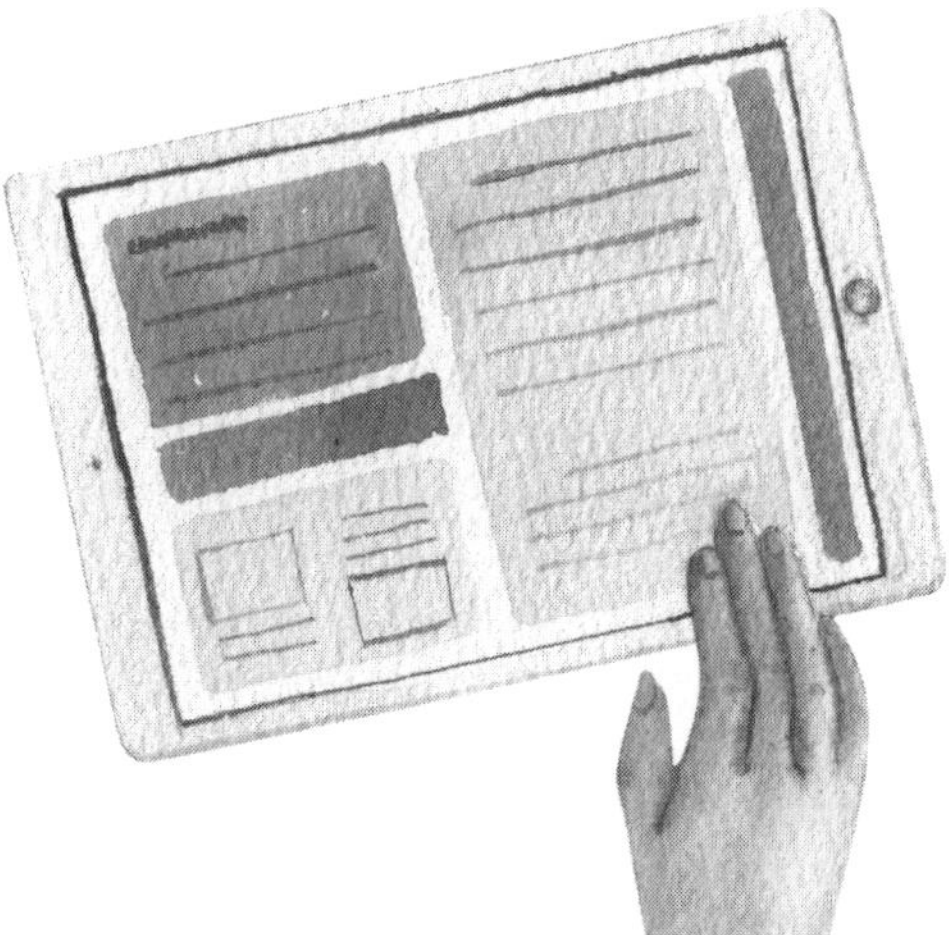

健康診断

1　4月は書類の海

机の上は常に書類にあふれている

養護教諭と紙の戦いは古く戦国時代から続き、ついに一揆が起こったとか起こらなかったとか…なんて歴史を語りたいくらい大量の書類が新年度になると集まります。保健調査、結核問診票、心臓病問診票、アレルギー調査、それ以外にも様々な書類を年度初めに一気に回収します。しかも全学年、全校児童生徒分を集めて確認して管理するので、書類の山ではなく書類の海にいる気分になるのが、春の保健室あるある。

そしてGIGAスクール構想で現れた救世主ICT活用に期待大！　と校務支援システムやフォームを駆使しようとするも、想像と少し違う…セキュリティや入力の二度手間で、ものによってはアナログの方が早い説もある…どういうこと!?　と私の中で新たな一揆が起こりました。この経験は、今の私の活動に繋がるきっかけになっています。

どの養護教諭に聞いても健康診断の時期は忙しいと答える中、文部科学省の「全国の学校における働き方改革事例集」には欠席連絡・健康観察のＷＥＢフォーム化の事例が載っています。それを受けて、健診に関わるアンケートや問診票をＷＥＢ入力に変更した学校もあるそうです。

ＩＣＴをインフラとして活用していくことは、これからの養護教諭に求められている力の１つです。

場所が机だけでは足りず床まで広がる書類

紙の海を泳ぎきる方法

私は次のことを意識して書類と戦っていました。

①書類は10秒以内に出せる場所に

使う頻度の高い書類は、見えないところに保管するのではなくて見えるところに置いて誰でもすぐ取り出せるようにします。

②3秒で未処理、処理済みにすぐ分ける

対応する必要がある文章なのか、パッと見て3秒以内で判断して不要なものは古紙ボックスへ入れます。

③判断に迷ったらスキャンして処分

いつか使うかもと思った内容の書類は スキャンしてデータとして管理すれば場所を取らず、検索性も高いので後で探すときに便利です。

④よく使う書類はクラウド上に保管

もう1枚ください、とよく言われる書類は大抵同じなので、出しやすいところに置いておくか、教員の共有クラウドに書式をあげておき、必要なタイミングで印刷可能な状態にしておきます。

⑤オンラインフォーム化

ペーパーレス化に伴いオンラインフォームもうまく活用します。ただし災害時用に手元に最低1部は印刷して残しておくなどの配慮が必要です。

ペーパーレスでも、締め切りに提出してもらう必要があるのには変わりないので、早めに締め切りを設定したり、リマインドや声かけをしたりすることが必要ですよね。健康診断が終わった後の校内反省もフォームで回収して、書類についての回収方法を組織全体で見直す機会も大切です。

Tips

紙の海はＩＣＴもうまく活用して華麗に泳ぎきる

2 To Do リスト5億個の出現

学生時代は仕事というものが「1↓2↓3」と手順を踏んで進んでいくと思っていました。でも実際に働いてみると、健康診断が始まると同時に「5億個」のやることリストが一気に出現して（決して大袈裟ではないはず…）てんてこまい。想像していた仕事と全然違う！ とか、何がわからないのかがわからない！ という状態で、手探りで仕事を進める日々でした。養護教諭の春はとにかく忙しい、それでも健康診断を効率的に、効果的に進めたいので「ちょっとした工夫」を心がけていました。

To Do リストの工夫

私の中でのキーワードは「細分化」です。「やることを書く」と聞くと健康診断であれば「会場準備をする」「結果の通知を出す」と内容を大きく書くことが多いのではないでしょうか。でもここで大切なのは「やることの細分化」がどれだけできるか。これが一見タスクを増やすようで減らすことに繋がる大切なポイントです。例えば「カレーを作る」と書くだけでは見通しがもてず〝やること5億個〟の気分になってしまいます。なので、リストを細分化して「玉ねぎの皮をむく」「具材を鍋に入れる」というように具体的な行動にするとタスクがサクサク進みます。

例：内科健診の会場準備

✓　前日に内科の学校医に電話
✓　入口に学校医の先生への挨拶と案内看板
✓　靴箱に名札表示
✓　ついたて準備、健診表示を貼る
✓　バットと器具を準備
✓　欠席者を把握しておく

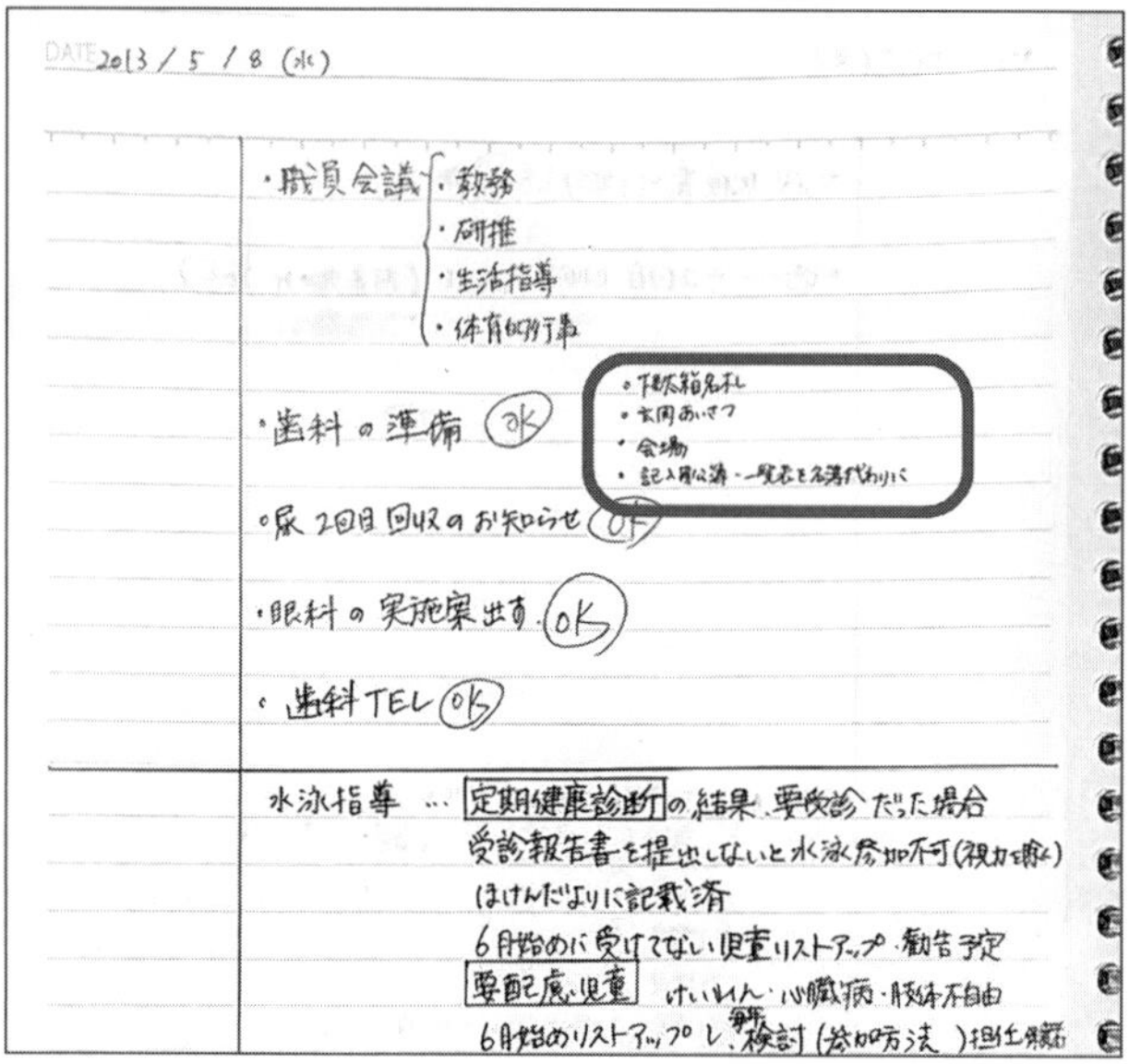

養護教諭１年目のときの仕事メモ

何がわからないのかすらわからない、と感じていた養護教諭1年目の仕事ノートに健康診断の準備を細分化したメモが残っていました。2年目以降はこの細分化したメモからリスト化して書いていました。自分のタスクを細かく書いておくと引き継ぎのときにも役立ちます。また、健診会場は保健室以外の場合もあり、その場に行ってメモすると抜け漏れが減ってムダが省けるので場所別のTo Doリストもオススメです。

To Doリストが終わったらチェック

健康診断に関わるTo Doリストは、各健診の実施案にあらかじめ記載している方も多いと思います。実施案を見ながら追加で思いついたらその場で書き、終わったらシュッとチェックを入れて消す。たったこれだけですが、やり終えた達成感が感じられて自分の自信にも繋がります。特にやってもやっても終わらない気がしてしまう1学期は時間に追われがちですが「やること」を追いかけて爽快感を味わえたらかっこいいですよね。慣れてきたら優先順位をつけてリストを見直すことも大切です。

Tips

To Doリストはとにかく「細分化」する

健康診断

3 少しでも効率化したい…

人手不足でも仕事は増える

教員不足と言われていても、採用試験の倍率が養護教諭だけ毎年異常に高いのはなぜでしょう…。人手は増えず仕事は増える謎を誰か解き明かしてほしいです。新学期は養護教諭に限らず、学校全体も大忙し。初日から会議&会議&会議の日々で健康診断の実施案を熟読している先生たちに感謝しつつ、どうすれば効率化できるか試行錯誤していました。

健康診断実況中継

誰にでもわかりやすいといえば、ユニバーサルデザインです。その基本的な考え方には

①公平性：誰でも公平に利用できること
②自由度：使う上で自由度が高いこと
③単純性：使用方法が簡単でわかりやすいこと
④明確さ：必要な情報がすぐに理解できること
⑤安全性：使用中に安全であること
⑥身体への負担の軽減：身体に負担が少ない設計であること
⑦柔軟性：多様なユーザーのニーズに対応できること

という７つの原則が取り入れられています。

人手不足に強力な助っ人、ＩＣＴ活用はユニバーサルデザインの観点からもとても有効です。例えば、養護教諭と教職員のＧＩＧＡ端末間をオンライン会議ツールで繋ぐことで、健康診断の進み具合を教室から実況中継のように見ることができます。いつでも、どこで

も、簡単に、明確に、情報共有してスムーズな連携ができる実施方法は「誰にでもわかりやすい健康診断」に繋がります。他にも、誰にでもわかりやすい健康診断のアイデアとして次のものがあります。

・学校医との連携もわかりやすくするため、日程調整はオンラインフォームを活用
・実施案はフルカラーや写真入りでクラウドに共有し、直感的にわかるようにする
・健診中は教職員内でチャットを活用して、校内でタイムリーに連絡をとる
・個別支援が必要な子にいつでも見せられるよう事前指導資料をクラウドに共有
・保健調査票の回収など保護者とのやりとりにオンラインフォームを活用

文部科学省「GIGAスクール構想の下での校務DXチェックリスト（学校向け）」には、児童生徒の健康診断のための保健調査票等の回収にオンラインフォームを活用する事例が載っています。書類の紛失、渡し忘れがなくなり、保護者の満足度向上、負担軽減に繋がるとともに、回収にかかる時間が大幅に短縮されることで教職員の負担軽減にも繋がり、わかりやすさ×働き方改革になるアイデアです。

これからの時代の健康診断

一人でより多くの仕事をした人が評価される時代は終わって、わかりやすさを重視して全員が理解し、スムーズに連携できることが大切な時代になってきました。養護教諭の仕事は特に属人化しやすいので積極的にユニバーサルデザインの視点を取り入れたいですね。
また、健康診断の主役は子どもです。多国籍、多様な背景をもつ（ジェンダー配慮や集団参加が困難など）子が増える中で、次世代の健康診断はパッと一目で健診の流れがわかる、何を調べているかわかる、健診の受け方の見通しをもてるなどの対応が大切になってくるでしょう。

Tips

健康診断にユニバーサルデザインの視点を

健康診断

4 軽度の来室の大量発生

niko

養護教諭の本音

「えっ…今⁉　と戸惑う瞬間ランキング」今週は、なかなか力強い実力派がそろっています。それではTOP3を、カウント〜〜〜ダウン‼　第3位「トイレに入っているとき届く宅配便」第2位「前の人が大量印刷。その後自分が1枚だけ印刷しようとしたら紙切れ」第1位「保健室が健康診断中と知らずに軽度の来室が大量に来る」でした。それでは、来週のランキングもお楽しみに！

と、戸惑う瞬間堂々の1位は健康診断中の来室です。どうしても手が離せないことが多いので緊急度と優先度を考えたら対応するのが難しい、というのが養護教諭の本音。他の運動会（体育祭）や音楽会などと比べて「学校行事っぽさ」が伝わりづらいので先生が当事者意識をもってくれなくて困るという養護教諭の声もあります（この時間に健康診断を入れられると困る、と当日に言われることもあるそう…）。健康診断の意義や校内全体で取り組む行事だと意識してもらうにはどうすればいいだろう、と全国の養護教諭はあらゆる工夫をしているのではないでしょうか。

健康診断中に起きる事件簿

- 次のクラスが来ていなくて呼び出しダッシュ
- 実施案より予定が押してクラスが大渋滞
- 尿検査が放課後にカバンの底から出てくる
- 学校医の先生が日程を勘違い
- 健診当日に養護教諭が発熱して不在
- 健診中に同時多発嘔吐

実は、これは私が実際に全て経験した事件簿です。何事もなく健康診断を終えるだけでも一仕事ですが、それに加えてイレギュラーな事件が起きるのが保健室。養護教諭のマルチタスク能力はものすごく高いのではないかと思います。私はマルチタスクに追いつけず、最終的に疲れ果てて保健室の洗濯物を干し忘れて帰ることも多々ありました…。

保健室の見える化

健診当日に発熱してしまったとき、代わりに管理職が保健室で対応をしてくれました。翌日に、保健室ってこんなにいろんなことが起きて、こんなに自分のペースで動けないと初めて知った、と言われました。私も担任や教科の先生の大変さを完全に理解することはできないかもしれません。養護教諭はこんなに大変なんだ！　とアピールする意味ではないのですが、保健室の現状を「見える化」しておくことは学校全体をうまく回すために重要だと思います。例えば、107ページのオンライン会議ツールを活用した健康診断の実況中継よりも、より双方向性があるのが共同編集です。健診中の様子を付箋ワークのようにスライドで共同編集してクラウド（Google Classroom や Microsoft Teams など）で共有します。待ち時間をリアルタイムで打ち込んだり、養護教諭に向けたメモを担任の先生が書き込めたりします。緊急対応は直接の連絡、その他の軽症な対応はクラウド上で相談など、緊急度と優先度で連絡手段を使い分けることもでき、全ての来室が横並びになることを防げます。

学校の環境によって使い慣れているツールが違うと思いますが、授業で普段から使っているＩＣＴを養護教諭も健診で活用すると汎用性が高いのでおすすめです。

Tips

会場図をＩＣＴ活用で双方向の連絡ツールに

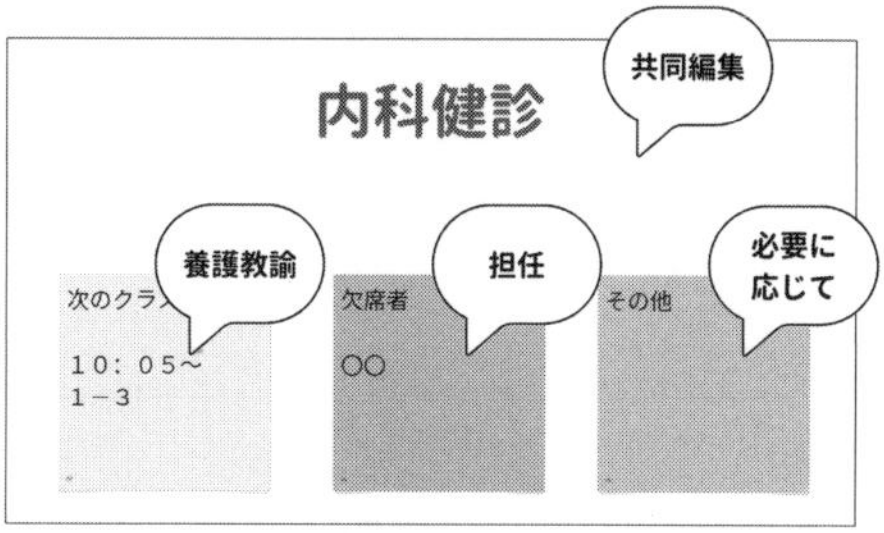

共同編集を用いた連絡

健康診断

5 やるべきことに手が回らない

業務の中で自分がラクなことを見つける

ＩＣＴの研修で養護教諭の方とお話しすると「私は○○ができなくて」「○○が苦手で困っています」というように自分自身の課題をしっかり把握されている方がとても多いです。でも課題はたくさん見つかるけど解決策が見つからなくて苦しまれていることも…。そんなときは「できないことや困っていることより、好きなことやラクにできること、うまくできていることから広げてみる」のはどうでしょう。私は、健康診断のデータ入力が本当に苦手です（打ち間違えて身長1300cmのまま印刷してしまったことも）。でも、元運動部の感覚があるので、自分の中で入力タイムを更新できたときの達成感は好き。だから、この「得意」を利用してもっとラクして効率化できないか考えてみると小さなポジティブ要素を広げていくことができます。

健康診断をラクにするマイルール

友人は、健診の事前指導を大切にしていて、並んでいるとき直接子どもに健診の受け方や意義について伝えていました。これは、友人なりのマイルールなのだと思いますし、保健室経営の一つの軸として素敵だなと感じます。私は、春の健診では余裕がなく、できるだけ説明を省きたいせっかち人間なので、会場づくりに力を入れていました。床に足型をつけることも多く（足型はすぐボロボロになるのでラミネートしたり、即興で足型を切る謎のスキルが高まります）、指示の表示を見せる工夫を考えたりと、流れが滞らないように会場によって動線を見直していました。こう考えると私の得意のタイム短縮に繋がる「会場づくり」は私の業務をラクにしてくれていました。

さらに忙しくて手が回らないときこそチャンスと考える私には５つのマイルールがあります。

仕事をラクにするマイルール

①まとめる

いわゆる「バッチ処理」という方法で、データを一括して処理することが効率化に繋がります。校務支援システムにデータを入力している途中で他の対応が起き中断すると「どこまでやったっけ？」と頭を切り替えるのにコストがかかるので、〝まとめる〟のがラク＆効率的です。

②ルーティン化する

朝に必ずパソコンを立ち上げて連絡掲示板やメールをチェックする、などやることを〝ルーティン化〟しておくと自然に動けるようになり次は何しようと考える時間が短縮されます。

③巻き込む

みんなで進める健康診断だから、みんなでやる！　というマインドでたくさんの人を巻き込みます。112ページで紹介したスライドで会場図を共同編集するＩＣＴ活用もその１つです。余計な仕事が増えた感より一緒に効率化しているという全体のメリットを感じてもらうには、忙しい健康診断こそチャンスです。

④ハードルを下げる

この本の内容は第三者だから身勝手に言えることもあり、ローカルルールがあるそれぞれの現場で実践するのは簡単じゃないことも多いと思います。何事も完璧にやろうと思わなくてＯＫ、そこそこでいい、と肩の力を抜いて読んでくださいね。毎日子どもの命を守るだけで、十分尊いですから。

⑤やめる

１つでもいいなと思ったアイデアがあったら、形骸化した（本来の目的や意味を失い、形式だけが残ってしまった）仕事を１つやめてみてください。先入観や思い込みをやめると、心もラクになると思います。

Tips

ラクにできることから広げて、忙しさを味方につける

健康診断

6　学校行事なのに打ち上げがない

運動会や音楽会など、学校行事が終わった後はよく打ち上げがあります。担当の先生を中心に労い合って「お疲れ様！」「無事に終わってよかったね」「みんなのおかげで大成功だった」「本当に助かりました、また来年もよろしくお願いします」そんな言葉が交わされます。あれ？　えーっと…健康診断も学校行事のはずだけど…打ち上げはない、ですよね？　別に打ち上げしてほしいというわけではないですが、大仕事が終わったのを誰かにほんの少し共感してほしいなと感じていました。今年も本当に頑張ったゾ私！　あ〜今日も見えないところで活躍しちゃったな、と自分で自分をほめながらコンビニスイーツを買って帰りがち。だからここで一つだけ言わせてください、毎年6月30日は全国の養護教諭で打ち上げをしませんか？

健康診断、終わりよければ全てよし

６月30日までに健康診断をするという規定は、学校保健安全法施行規則第５条に明記されています。そして、私は繰り返し言いますがうっかり日本代表選手。去年のことをすっかり忘れていることがよくあります。だから健診が終わった時点ですぐに来年度に向けての（自分のための）引き継ぎメモを残しておきます。そのメモに助かった！　去年の自分、よくやった！　とまた自分で自分をほめたくなることもありました。終わりよければ全てよし、ですが来年の自分のために、もう少し欲張ってみるのはどうでしょう？

私は次のことをメモしていました。

- **時間の記録**：健診のクラスが切り替わったタイミングで時間を実施案にメモしておくと、30人学級で大体７分かかったな、というように振り返ることができます。それをもとに、来年の実施案の目安を決めます。健診の実施案マニアなので各学校の形式を収集したり、担任の先生からフィードバックをもらったりしたことがありますが、一番助かるのは「時間」がわかりやすいことだそうです。特に健診の流れを変えた年は意識して記録していました。

- **準備し直した方がよい備品**：掲示物を貼る場所にマグネットが使えないからフックがあると便利、ドアの窓ガラスを塞ぐための紙が必要という細かいこともメモします。その場しのぎの健診にしないための工夫です。壊れているわけではないけど体重計の反応が悪くなってきてプチストレスという備品の不具合も、予算要望を出せる時期は限られている場合が多いのでメモしておきます。限られた予算の中で買い直すのは数年先かもしれないという前提で、忘れずに引き継げます。
- **作り直した方がよい掲示物**：性別にかかわらず全員に対して配慮が必要という新しい視点からあらゆる健診の表示をアップデートする必要があります。床に貼ったビニールテープも要注意。はがし忘れて謎のテープ跡になるのが保健室あるある。

コメント機能が便利

残しておきたい補足情報や引き継ぎ内容はWordのコメント機能を使うと便利です。校閲タブで重要なポイントや補足情報をコメントとして残します。実施案のみの印刷も、確認用にコメントを含めた印刷もできるため、進行状況の確認や引き継ぎ資料としての活用も可能です。解決済みのコメントは「解決済み」に設定し、未処理のコメントが目立つようにしたり、必要に応じてコメントに返信したりすることで、記録を次年度に残すことができます。

Tips

来年の自分のためにコメントを残す

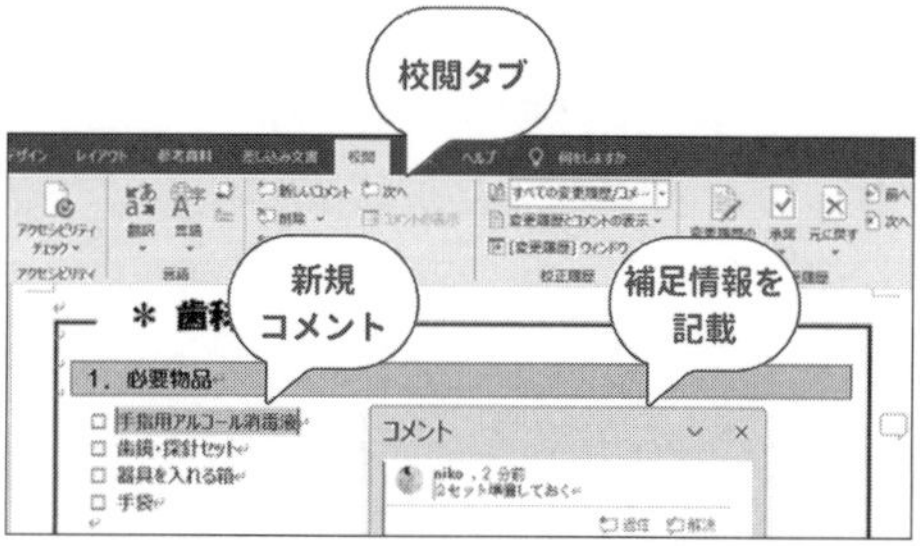

校閲タブでコメントを管理

コラム

事務室から学ぶ保健室

私立学校での最先端の健康診断を見学したことがあります。業者委託での豊富なＰＣや人材（内科医が４つのブースに待機）に公立の経験しかなかった私はカルチャーショックを受けました。でも全体の流れはとても参考になることだらけ。あの実践はこの学校だからできるんだよ、よりも現状を少しでもよくできることはないかな？　と考えるのは私のちょっとした特技です。間取りは変えられなくてもインテリアや模様替えでより快適に過ごせるかもとワクワクする感覚に似ています。『職員室リノベーション　32のアイデア』（明治図書・２０２１年）には事務職員さんが提案するアイデアが載っています。著者の上部充敬さんによると、働き方改革のはじめの一歩は「モノやヒトの動きを観察すること」。健康診断もモノとヒトの動きを観察するとよりよい一歩に繋がるかもしれません。

第６章

環境衛生・学校保健計画あるある

環境調整と戦略的スケジューリング方法

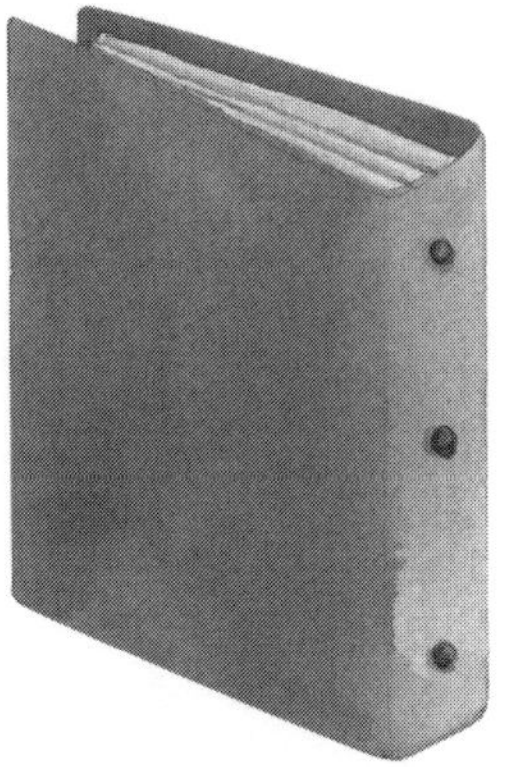

1 保健室は何でも屋さん、じゃない

小規模校か大規模校か、校種やその学校ごとに様々な内容の仕事があるので、異動すると転職した気分になるのが養護教諭あるある。小学校の担任の先生からは「学習指導要領保健室編」みたいに、全国で一律に決まったルールがあるのかと思ってた！　と驚かれたことがあります（養護教諭以外は教員養成課程で学校保健の内容を深くは学ばないですもんね）。例えば、お迎え連絡は担任の先生がするのか養護教諭がするのか。嘔吐処理は誰の仕事か。保健室1時間ルールはどこまできっちり守るのか。白黒はっきりしない、というかできない部分がたくさんあります。

私が1年目のときは自ら進んで「何でも屋」になろうとしていたことがあります。（例えるなら恋愛中に相手のために何でもしてあげたくなるような感覚で）成長に貪欲だった初任時代、気付けば「尽くす恋愛」のように「尽くす仕事」にどっぷりと浸かっていました。そのときは「これが養護教諭なんだ」と思い込んでいたのですが、「相手が喜んでくれるならそれでいい」と相手に合わせて無理に服装や趣味を変えていた若かりし頃の恋愛を振り返るように、何とも言えない気持ちで初任時代を振り返ることがあります。成長することと、自分を大切にすること、その2つのバランスがとれる関係がしあわせな働き方（恋愛も！）なのだと思います。

何でも屋さんとアウトリーチ

「これやって」と丸投げされるのは嫌、でも「いつも助かる」と頼ってもらえるのは嬉しい、そんな私です。一人職だからこそ、他業種との「協働」を考えるのが大切だなと気付いたのは、養護教諭仲間との雑談がきっかけ。保健室の仕事が周りの人にとって当事者意識がないのは寂しいよね、他の先生からの丸投げ感を感じると「これって私の仕事なの？」と感じやすいよね…そんな、今まで言語化したことのなかった気持ちを話していくうちに「何でも屋」についてとらえ直す必要があると気付きました。

これって養護教諭の仕事なのかなと迷ったら標準職務例をまず見てみてください。ここに書かれている仕事以外は養護教諭の仕事じゃありません！　と言うために使うのではなくて、あまりにも業務が多いときの優先順位を決める「ものさし」のような通知です。

主として保健管理に関すること

健康診断，救急処置，感染症の予防及び環境衛生等に関すること
　健康診断の実施（計画・実施・評価及び事後措置）
　健康観察による児童生徒の心身の健康状態の把握・分析・評価
　緊急時における救急処置等の対応
　感染症等の予防や発生時の対応及びアレルギー疾患等の疾病の管理
　学校環境衛生の日常的な点検等への参画

健康相談及び保健指導に関すること
　心身の健康課題に関する児童生徒への健康相談の実施
　健康相談等を踏まえた保健指導の実施
　健康に関する啓発活動の実施

保健室経営に関すること
　保健室経営計画の作成・実施
　保健室経営計画の教職員、保護者等への周知
　設備・備品の管理や環境衛生の維持をはじめとした保健室の環境整備

保健組織活動に関すること
　学校保健計画の作成への参画
　学校保健委員会や教職員の保健組織（保健部）等への参画

主として保健教育に関すること

各教科等における指導に関すること
　各教科等における指導への参画
　　（ティーム・ティーチング，教材作成等）

「養護教諭及び栄養教諭の標準的な職務の明確化に係る学校管理規則の参考例等の送付について（通知）」
（文部科学省）（https://www.mext.go.jp/content/20230704-mxt_kenshoku-100000619_1.pdf）

そして、これは養護教諭だけが知っているよりも、学校全体で知っておくことが大切です。養護教諭に限らず、どこまでが教員の仕事なの？　という議論はたくさんあります。それぞれに基本の仕事の枠があって、どこかでその狭間になっている仕事がある。お互いの枠を超えたときチームメンバーでアウトリーチ（アウト＝外側へ、リーチ＝手を伸ばす）しているイメージです。お互いに「この部分はアウトリーチしてるよね」とリスペクトの気持ちをもつことがチーム学校としての学校保健活動に繋がりますよね。「私たちの仕事をもっとわかってよ！」と言うのは角が立つけれど、建設的に「あれ？」と思った違和感は早めに（お菓子を持っていきながら）先生と話し合ってみる。特にミドルリーダーのような立場の養護教諭で、尽くす恋から目を覚ました世代の方は、これから養護教諭として頑張ろうとするキラキラした目の若手のためにも「何でも屋」である瞬間の価値と、アウトリーチのバランスを一緒に考えていきませんか。

Tips

恋も仕事も尽くすよりリスペクトの気持ちを

2 夏休みの保健室にも仕事は山積み

壊れてしまった体温計、使い終わった乾電池、謎のカギ、出番が少ない割に場所をとる手洗い鉢台は処分したいけどそのままにしがち。保存年限が切れた書類は段ボールにまとめて業者に出すので、夏休みにやればいいっか、と先送りにした結果、自分を追い込むことになる…次こそは先延ばしにしないぞ、と心に誓うけれど毎年繰り返すのがあるあるです。

夏休みの養護教諭の仕事

子どもがいない夏休みの間、保健室は何してるの？　とよく言われますが、私が今まで経験したことのある夏休みの仕事を挙げてみると、出張を伴うたくさんの研修の他に次のような仕事がありました。

- 保健室の片付け、物品補充、購入、期限の確認
- 健康診断の統計データ入力
- 校内の嘔吐処理セットや救急セットの回収、補充、点検
- 保存年限の過ぎた書類を処分（シュレッダーや業者回収）
- 宿泊行事の物品、書類準備
- 就学時健診や学校保健委員会の実施案企画、準備
- 保健室内の清掃（床のワックスがけは夏休みか年度末にやる学校が多い）
- カーテン、布団の洗濯、クリーニング
- ホルムアルデヒドの検査、ダニ検査
- 日本スポーツ振興センターの給付金の申請
- 職員向け研修の準備
- 養護教諭部会の研究
- ９月の保健だより作成
- ９月の発育測定時のミニ保健指導の準備（全学年）

校舎の健康診断

先ほどの仕事の中から夏といえばホルムアルデヒドの検査、と答えたあなたは養護教諭あるある検定3級です（そんな検定は実際ありませんが）。ホルムアルデヒドはシックハウス症候群の原因となる物質の一つで、特に子どもたちの健康に悪影響を及ぼす可能性があるため、学校環境衛生基準に基づいて定期的な測定が行われています。揮発性の化学物質で、温度が上がると揮発しやすくなり、室内の空気中に放出される量が増える傾向があるので夏場に検査することが多いです。

「校舎の健康診断」のような学校環境衛生検査は、学校薬剤師と連携して実施します。その結果をもとに日々の管理をしながら子どもたちが健康で安全に学校生活を送れるよう支える大切な仕組みです。主な検査項目には温度・湿度、空気、水質、採光・照明、騒音、清掃、ネズミ・害虫、プール水等、建物・施設の安全管理などがあります。学校薬剤師との事前の日程調整や連絡、当日に検査で使う教室の調整などを養護教諭がしているのは案外知られていない仕事かもしれません。

　学校薬剤師さんによっては養護教諭が一緒に回って検査をする場合もありますし、学校薬剤師さんが一人で回る場合もあります。保健室のベッドのダニ検査はいつもヒヤヒヤ（どうか基準値を超えませんようにと祈りがち）だったり、プールの水質検査結果から大腸菌が出て使用中止にしたこともあります。学校環境衛生検査の結果はその学校の安全に直結するので普段なかなか見えにくい学校薬剤師の存在は、子どもの健康を守るためにとても大切です。

　年間で何度も検査があるので、雑談しながら薬局から見た感染症の流行状況を情報共有してもらったり、最新の薬の情報を教えてもらったり、ときに薬に関わる授業でゲストティーチャーに入ってもらうなどの連携をすることもあります。

Tips

学校環境衛生検査は校舎の健康診断のように活用

3 日々の環境衛生は「校舎の健康観察」

学校環境衛生検査を「校舎の健康診断」と例えるなら、日常における環境衛生は「校舎の健康観察」だと感じます。ふと伝言をしに教室に入ると、空気がモワ〜っとしていたので窓を開けて換気をした経験もあります。養護教諭に限らず普段過ごす教室の環境は先生たちもアンテナを高くして過ごしていると思います。

学校環境衛生は養護教諭が学校看護婦と呼ばれていた時代から主要な仕事だったそうです。今も重要な仕事の１つなので、優先順位は高めに仕事が割り振られていいのですが、校務分掌はなぜか毎年自動的に清掃担当、トイレ担当になりがちなのが養護教諭あるある。

ヒヤリハット

『事例から学ぶ養護教諭のヒヤリハット』（ぎょうせい・2012年）には、

・夜中にプール内に何者かが侵入した痕跡があった
・床がカーペットの教室の清掃が足りず、ダニアレルゲン検査の基準値の5倍になった
・教室に置いてある加湿器を掃除しなかったのでカビてしまった
・嘔吐発生後に正しく消毒がされておらずウイルス性胃腸炎が流行してしまった

などのヒヤリハットが掲載されています。

特に頻度が高く起こりがちな嘔吐処理は、124ページでも誰の仕事？　と書きましたが必ずしも養護教諭が対応できるとは限らないのでマニュアルを作成して周知することが大切です。最近は嘔吐処理のやり方を動画で見ることもできるので、嘔吐処理セットの中に入れるマニュアルに動画のQRコードを載せておくのも便利です。マニュアル作成と同じく、仕組み化の1つとして嘔吐処理方法の研修も効果的です。私は次の日すぐに使える実践的なスキルを身に付けてもらうために「模擬嘔吐物」を使うこともありました。レトルトの

おかゆを床にまいて嘔吐物に見立てたり、事前に具合の悪い子ども役をこっそりお願いしておいて、説明している途中で突然嘔吐する演技をしてもらったり、シミュレーションを盛り込むとさらにわかりやすい研修になると感じます。

学校環境衛生スイッチ

トヨタでは、職場環境を整えて効率的で安全な作業環境を確保するための5Sという考え方があるそうです。「整理・整頓・清掃・清潔・仕組み」の頭文字をとったもので、安全性向上や効率化だけでなく働く人々の意識を向上させることにも繋がると考えられています。学校環境衛生も、安全や健康のためだけでなく子どもたちの学習意欲向上や豊かな心を育てることを目的にしています。普段から学校環境衛生を意識するため5Sでスイッチオンにしてみてはどうでしょう。

整理

✓ 物が多く危険な場所や保健室内の整理、机の引き出しやＰＣデータの整理

整頓
✓嘔吐処理セットや救急セットは誰でも使える定位置に置き、使ったら戻す

清掃
✓校内巡視するときに清掃が行き届いているかチェックする

清潔
✓トイレや水道、特別教室など、今だけでなく常に清潔を維持できているか管理

仕組み
✓養護教諭だけが環境衛生をすればいいのではなく学校全体で取り組む

環境衛生の見直しは些細なことかもしれませんが、日々の子どもたちの学校生活を安心・安全にするためにはとても重要です。

Tips

日常における学校環境衛生のスイッチは5S

4 1年間を華麗に乗り切りたい

保健室のルール

「先生〜〜絆創膏〜〜〜！」と保健室に入ってくると「先生は、絆創膏じゃありませ〜〜んっ」とつい冗談で返しがちな私です（絆創膏から手足が生えてるキャラでもつくりたいくらい）。保健室を使うときのルール（いつ、どこで、何を、どうして、どうなったかを教えてね等）は、子ども向けにおたよりやミニ保健指導で伝えます。4月の職員会議で教員にも伝えます。その資料がいわゆる学校保健計画の一部になっている学校が多いのではないでしょうか。各月の学校保健目標、休養させるときの目安や養護教諭不在時の対応、家庭に連絡をする基準、健康観察は何時までにどのように記録するか、日本スポーツ振興センターの制度についてや出席停止の基準、緊急時対応などがまとまっています。保健行事のスケジュールや健康診断の実施案までセットにして冊子にする場合もあれば、健診の実施案は別で配布する場合もあります。養護教諭1年目のときは、その資料をいきなり会議で提案しなくてはいけないのに私自身がよくわかっていなくて脳内が大混乱…なんてこともありました。年数を重ねるうちに、年間計画は○年度の部分だけを直して次年度に使っていたことをここで懺悔します。学校保健計画には次のような内容があります。

主な学校保健計画の内容

①年間計画
②保健室の利用方法
③保健室内の配置図
④健康観察の方法
⑤救急体制やマニュアル
⑥近隣医療機関一覧
⑦学校感染症について

⑧嘔吐処理の方法
⑨教室環境、光化学スモッグ、熱中症などの対応
⑩日本スポーツ振興センターについて

長期的なタイムマネジメント

私たちは普段、目の前の子ども一人を見る視点と、学年や学校全体の子どもを見る視点の2つを使い分けていると思います。同じように、日々の業務も目の前のやらなければいけないことに目を向けるときと、1年間のざっくりしたスケジュールを広い視野で見るときの2つのバランスが大切です。この考え方はビジネスでよく「虫の目と鳥の目」と言われます。「虫の目」は、個別のプロセスや細かな部分に焦点を当てる視点です。行事や日常の業務の中で、タスクを管理する際に役立つので、短期的な効率や生産性の向上に必要な視点です。この本で書いているTipsも虫の目で書いた項目が多いです。一方で「鳥の目」は、広い視野で全体を見渡す視点です。企業だと、戦略や全体の方向性を見極めるた

めに使われることが多く、俯瞰した視点が求められる場面に役立ちます。つまり学校保健の作戦会議。長期的なタイムマネジメントをすることは、自分の忙しい時期やゆっくりできるタイミングを把握することに繋がり、時間に追われず先の予定を追いかけることができます。

養護教諭の仕事を学校保健計画で鳥の目で見て、健康診断が始まったら虫の目（＋事務処理で疲れ目&かすみ目）で見ていきます。戦略的に仕事を進める時期と、戦略的に休む時期を把握するためにスケジュールを書き出すことで、環境が変わる時期や長期休みもざっくり計画を立てて仕事もプライベートも充実しますように。

Tips

学校保健計画で時間に追われず時間を追いかける

環境衛生・学校保健計画

5 お財布事情は厳しい

消耗品は計画的に

公立学校の現場の予算は税金だから紙1枚でもムダにしてはいけないよ、とよくベテランの先生は言っていました（その横でミスプリントしてしまった紙をこっそり隠す私）。学校保健の予算は、特に厳しいのではないでしょうか。例えば年間3万円の保健予算があったとして、年度当初に絆創膏類をよく使う行事（運動会や体育祭）があれば多く買っておきたいところ。でも、年度末に予算が足りなくなるのも困るので注文する個数に悩んだり…（そして必要なタイミングで買ってもすぐには届かなくて困ったり）。養護教諭になって初めて知った予算管理の難しさです。消耗品として購入できる物品は、教育委員会に指定されたリストの中から選ぶ自治体もあれば、養護教諭の個人の判断に任されている場合もあります。「年度末に予算が余ると、予算が足りていると思われて枠を減らされてしまうかもしれないから上手に使い切ること！」と初任者指導の先生に言われ、余ってもダメ、赤字もダメ、絶妙に数十円の端数を残して会計をしめる…という計画性を試されるスキル。あまり消耗品が減らなかった年は２～３月頃に駆け込みでＤＶＤ付きの教材や本を買った年もあり、反対に、まとめて体温計を買い揃えたいなと思った年は年度末までなるべく節約して最後に買い替えたことも。養護教諭の知られざる予算の有効な活用法は、どこにも載っていませんが先代の知恵として養護教諭間で受け継がれていると思います。

ちょっとした消耗品費活用アイデア

- 買い物かご（教室移動の荷物をまとめる）
- 壁掛けごみ箱（ベッド脇に置いておく）
- マグネットフック（デスク横に病院引率バッグを引っかける）
- マグネットクリップ（冷蔵庫に緊急対応フローチャートを貼る）
- ルーペ付きとげぬき

・キッチンタイマー（オイル時計や砂時計も子どもに人気）
・指用保冷剤（指をはめる輪っか型になっていて繰り返し使える保冷剤）
・ミニホワイトボード（受傷機転やトラブルの聞き取りメモに）
・A4カードケース（中身の入れ替えが簡単、ラミネートよりヨレない）

時間を生み出す物選び

仕事も人間関係も「自分さえ我慢すれば」「自分でやればいいか」となってしまうとストレスですよね。一つひとつは小さなことでも積み重なると大きな時間に。やりたいことに時間を使えない問題を、「仕組み」や「物選び」が解決してくれることは案外あります。

公立校は、一定の金額で備品なのか消耗品なのか分けられていることが多いと思います（2万円以上は備品など）。消耗品は計画的に、備品はもっと計画的に…というのも、備品の要望を出す時期は春だけの学校が多いので、来年はこれを購入したいなと思っても忘れてしまいがち。まだ使えるしいいか、と後回しにせずとりあえずメモしておくのがオススメ。保健室の備品は、全校児童生徒に関わるので物選び一つで仕事の生産性に大きく関わることがあります。例えば、身長と体重が一気に計れる身長体重計を購入したら本来２つだった項目が一つで済み健康診断の大幅な時短になりました。仕組みと物選びで効率化できるアイテムが、保健カタログにはたくさんあります。

最近は、保健室備品メーカーの会社が養護部会や研修会に出張してくれる仕組みもあります。購入前に商品を見てみたい、種類がたくさんあって選べない、カタログではわからないことを確かめたい、というとき商品を持ってきてくれるサービスです。私は氷嚢のサイズが思っていたのと違ったな…と後悔した経験があるので実物を触って確かめられる場があるのは嬉しいなと思います。

Tips

保健室こそ便利なアイテムに頼って時短

6 裏ボスは学校保健委員会

学校保健委員会

年に最低1度は開催することが定められている、学校保健委員会。「保健主事が中心となって」と書かれているものの、養護教諭が保健主事を兼ねていたり、名ばかりの保健主事で実際は養護教諭が準備していたりという場合も。米粒より小さな字で書かれた全国データと自校の実態を比較しながら手間も時間もかけて資料をつくる労力の割に、わかりやすい成果を感じにくい行事で、なかなかモチベーションが上がらない未熟な私でした。養護教諭の一大イベントといえば健康診断、そして裏ボス的存在なのが学校保健委員会だと感じます。やらなきゃいけないとわかっていても、心の中でイヤイヤ期が訪れる養護教諭は多いはず。いっそ「保健室フェス！」みたいにペンライトを持参して盛り上げる演出をしたいくらいです。

就学時健診

就学時健診も小学校では裏ボス的存在です。秋頃に駐車場に学校医と表示されたカラーコーンが並んでいたら、きっとその学校は就学時健診の日。春の健康診断は学校医が１人来るだけで、緊張したり気を張ったり、会場準備に追われます。１つの科でもドタバタなのに、学校医が全員揃ってしまうオールスター戦が就学時健診です。本来は市区町村の教育委員会が主体となって実施するのですが、ほとんどの場合は各小学校に委託されていると思います。

ここで、学校保健委員会と就学時健診、２大裏ボスの共通点が見えてきます。それは「上からのやらされ感」が強いということ。子どもだって、やらされ感のある宿題は嫌なのと同じで、養護教諭のモチベーションとこの２つの行事は深く関係があると思います。

モチベーションの正体

一般企業では、モチベーションアップセミナーや研修がたくさん行われています。それだけ、モチベーションを保つことは大人にとっても課題なのでしょう。仕方なく追い込まれてやる仕事は正常な動機づけではない、と『ビリギャル』の主人公の小林さやかさんが言っていました。私たちはつい頑張る＝忍耐だと思ってしまいがち。やりたくないことをやるのが大人、我慢は美徳だ、と。でも養護教諭自身が、なぜこれをやるのか？の意味がわかって、これをやると楽しいな、ここに直結しているな、こうやって生かせるんだな、と意義や価値を見出しているかどうかはモチベーションを大きく左右します。本当の裏ボスは自分自身のマインドセットかもしれません。

とはいえ、一人職の私たちがやらされ仕事に価値を見出すのはとても難しいです。悩んだり、苦しくなったり、煮詰まったりしたときに、養護教諭にとって第三の居場所があることで気持ちがスーッとラクになれると思っています。私の場合は、男性養護教諭友の会で繋がったメンバー。学校保健委員会やりたくないな、と私が言うと、こんな価値もあるよ、こうやってみるとよかったよ、と年齢や立場を問わず対話してくれる仲間に安心感をもらっています。抱えていることを詳しく話さなくても、その場に行くだけでほっと安らげたり、違う空気やエネルギーをもらえたり。職場でも、自宅でもない、第三の居場所があるといいな、と思います。もちろん直接的に関わらなくても、立派なサードプレイスです。推し活やＳＮＳの活用も最近はとても注目されています。

そう考えると、学校保健委員会を推しのフェスだととらえてみるのも一つのモチベーションです。養護教諭が関心のある講師を呼べるチャンスかもしれません。84ページで紹介した『今日も明日も負け犬。』は学校保健委員会で上映されることも多く、反響も大きいテーマです。まだまだ私も悩む一人ですが「苦手」もオープンに語り合いながら一緒に学んでいけたら嬉しいです。

Tips

裏ボスは自分の中に。第三の居場所を探してみる

7 宿泊引率は心臓バクバクの連続

テーマパークの救護室から一歩も出ずに具合が悪い子の対応をすることもあれば、たとえ夢の国だろうが真夜中の宿だろうが嘔吐対応することもあり、飛行機で行った修学旅行先で発熱し現地の空港まで保護者に迎えに来てもらうことも。あわよくば少し観光できるかな、修学旅行に毎年行けるなんていいなと思っていた過去の自分に「素人は黙ってな…」と言いたいほど、何事もなく全員が無事に帰れるよう常に気を張り続けるのが宿泊引率あるあるある。

宿泊引率といえば私が働き方改革について考えたきっかけでもあります。養護教諭も育児や介護、持病など、様々な事情がある中で宿泊引率がしんどくて退職を選ぶ方もいると聞きました。私が勤めていた自治体は養護教諭が宿泊引率する場合は、学校に待機する看護師が派遣され、養護教諭が学校に残るならツアーナースが宿泊引率するという制度がありました。その仕組みが当たり前だと思っていたら、全国的にはめずらしいほど手厚かったと後から知りました。ツアーナースのシステムはもっと全国に広がってよいのではないかと感じます。

救急バッグの中身

宿泊引率などの学校行事の前には、子どもの健康情報をまとめて共有したり、救急バッグや嘔吐処理グッズをセットしたりするなど、事前の準備がたくさんあります。また、小学校では初経について養護教諭が指導することも多いです。運動会が終わったらすぐ宿泊引率して帰ってきたらすぐ就学時健診…のような怒涛のスケジュールもめずらしくありません（頭から湯気が出ます）。行事が立て続けにある中であらゆる準備をこなすのは本当に大変。「時間がない！」というときこそ、管理する物の量を減らすのはいかがでしょう。

万が一に備えて必要な物を入れなければと思うと荷物が増えますし、便利なようでいざ使おうと思ったらどこに何が入っているのかわからず探すのに時間がかかってしまうことも。物が少ないことのメリットを紹介します。

物が少ないことのメリット

①属人化の解消

養護教諭がいないとどこに何があるかわからない、という状況を解消できる。

②ワーキングメモリーの節約

余計な探し物に使う思考力・判断力を節約して、いつ起こるかわからない緊急時対応に頭を備えておく。

③安全かつ衛生的

期限切れの衛生材料がないか確認しやすく在庫管理がラクになり整理整頓もサッとできる。

何を入れるかは宿泊先（山に行くのかスキー教室なのか）や移動手段（飛行機などは持ち込みできるものに限りがある）によって異なります。まず基本的なセットを準備して、あとは各校の実態に応じてカスタマイズしながら救急バッグを準備しましょう。

Tips

宿泊引率の前は荷物を見直すタイミング

救急セットの例

- 体温計
- ビニール袋（大・小）
- 絆創膏・ドレッシング剤・ガーゼ
- 包帯、三角巾、シーネ
- はさみ
- テープ、粘着包帯
- 冷却シート
- 湿布
- 刺抜き
- 爪切り
- マスク
- 生理用ナプキン・ショーツ
- ディスポ手袋、エプロン、シューズカバー
- 手指用消毒液
- 嘔吐処理用消毒液
- ペーパータオル
- エチケット袋
- メモ帳、ペン
- 現金、小銭
- 経口補水液
- 瞬間冷却剤
- ポイズンリムーバー
- スポーツ振興センター書類と返信封筒(切手)

- 近年保険証のコピーは持ち運ばない傾向
- 宿泊中の受診で10割負担になったとき立替は誰がいくら準備するか事前相談
- 保健調査や服薬など要配慮事項の書類はコンパクトにまとめたりクラウドを活用している学校も
- ツアーナースの保健日誌もクラウド上で入力してリアルタイム共有

8 仕事・キャリアの見通しが立たない不安

学校保健のフィードバックをもらう

服を買うときは、サイズはちょうどいいか、自分に似合っているか、鏡をじっくり見ることがあるあると思います（私はファッション音痴ですが）。もしくは、他人からフィードバックをもらうことでメタ認知（客観的に観察・評価）できることもあります。学校保健計画も自分で振り返ることと、フィードバックをもらい改善することの2つが大切です。

ジョハリの窓は、自己認識と他者からの認識の関係を視覚化するモデルで、4つの領域に分かれています。特に養護教諭は一人職だからこそ、意識して他者からのフィードバックを得て「盲点の窓」に気付くことが大切です。盲点の窓には次年度の前向きな見通しを

	自分が知っている	自分が知らない
他人が知っている	**解放の窓** 自己開示やコミュニケーションを通じて、領域を広げることができる	**盲点の窓** 他人からのフィードバックによって、盲点領域を減らすことができる
他人が知らない	**秘密の窓** 自分は知っているが他人には隠している情報	**未知の窓** まだ気づかれていない潜在的な領域 経験や成長によって、新しい一面が発見される

ジョハリの窓

もつためのヒントが潜んでいます。実は養護教諭がやりたいと思っていた保健教育を他の先生も必要だと感じていたとか、健康診断の効率化に繋がるアイデアや経験を他の先生がもっていたけれど言う機会がなかったとか。

フィードバックを受けやすくするには、自分と似たような人がいる場所をあえて避けて違う属性の人と関わったり、「逆メンター」（自分より若い年代や経験が浅い人）に「何かあったら教えて」と聞いたり、インプット中心ではなく養護教諭から情報をアウトプットする機会を増やしたり、行事をやりっぱなしにせず振り返りの時間を確保したりすることが大切です。フィードバックをもらうことで学校保健についてチームで取り組むきっかけにもなります。

養護教諭のキャリアの見通し

1年間の学校保健計画を見直すことはあっても、自分自身のキャリアについて見通しをもつ時間はなかなかありませんよね。最近はInstagramで養護教諭を目指す学生さんから、どの学部や大学を選ぶか迷っているという相談がきます。看護系なのか教育系なのか、心理系なのか。他にも、採用試験の倍率が高いので受験を諦めた、試験に落ちてしまって臨採の声がかかるのを待つか他の仕事をするか迷う、という声も。子育てとの両立が難しいと感じる人、仕事も子どもも好きだけどなぜかしんどいという人、育休中や病休中の人、元養護教諭、養護教諭に憧れる人、それぞれの立場ごとに悩みは様々です。

ライフスタイルや周りの環境の変化に合わせてファッションを変えるように、養護教諭として働いていても年代ごとにスキルや専門性を身に付けたり、ときに手放したりして教員人生を歩んできた感覚があります。その中には自分に合ったスタイル（学びや働き方）もあれば、流行に流されて身に付けたもののしっくりこなかったスタイル（学びや働き方）も。若いときは特に、自分の理想や現状がよくわからない中で周りにロールモデルも少なくキャリアに悩むことが多かったです。素晴らしい先生にもたくさん出会いましたがどうしても自己犠牲している姿が大変そうだな…とキャリアアップに憧れを抱けずにいたのも本音です。でもＳＮＳで出会った元養護教諭のYouTuberの方が「10年後、どこに住んで何をしているかわからないけど、きっとどこまでも養護教諭なわたしでいるはず」と言っていて、今の自分に合っている考えだなとしあわせな気持ちになりました。養護教諭を続けても、転職しても、休んでも、養護教諭にならなくても、この本を手に取った方がしあわせならいいなと思います。そして少しでも励ましや、勇気になって、前向きな行動や挑戦へのエンカレッジに繋がればと思います。

Tips

フィードバックは未来の道しるべ。キャリアの見通しはしあわせ軸で

ジェンダーにとらわれない生き方

「あ…見下されてる」養護教諭として働いているときに、そう感じたことが何度かありました。もちろん、今まで出会ったほとんどの先生方とは尊重し合ったり助け合ったりして働いてきましたが、心に小さな傷がつく経験をしたのも事実です。そんな養護教諭としての生きづらさを救ってくれたのが男性養護教諭の存在でした。養護教諭の中でもさらに少数派の男性養護教諭は偏見の目（大人）がある中で、いつか男性養護教諭というフレーズが遠い昔になり養護教諭全体の発展に繋げたいという思いで活動をしています。ジェンダーにとらわれず自分らしく働く「男性養護教諭」は私の箱推し（個人ではなく存在そのものが推し）です。一緒に養護教諭の魅力を発信できたらいいなと思いますし、上の本は私の心のお守りです。

『男性養護教諭』
（東山書房・2019年）

第７章

感染症・保健室経営あるある

忙しい時期を華麗にこなすスキルアップ術

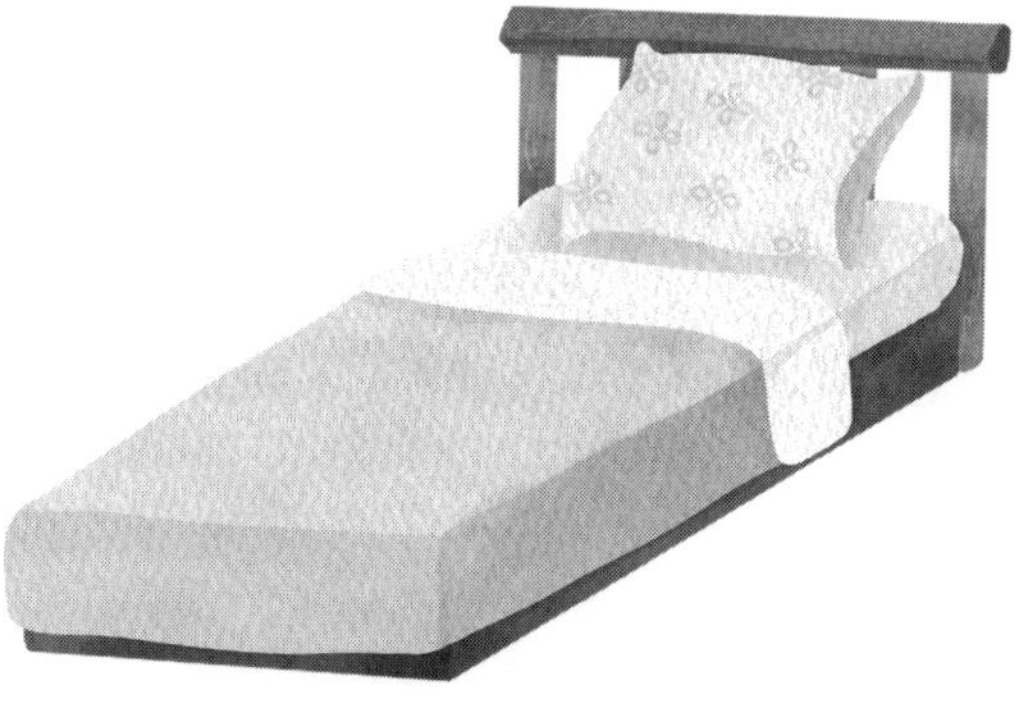

1 朝の健康観察が1日を決める

私は子どもの頃、元気なのに学級閉鎖があると「休みになってラッキー！」くらいに思っていました。養護教諭になってから、学級閉鎖するかどうかの判断に多くの人が関わっていると知って、見えない部分で子どもの健康を支えている尊さを感じました。朝の健康観察で「急にインフルの欠席者が増えました！」と担任の先生から報告があって、来ている子どもの朝の健康状態を把握しながら、今日は来室や早退が増えるかも…と心の準備（臨戦態勢）に入る私です。朝の段階で管理職と相談し、閉鎖するなら何日間か、明日から閉鎖するなら給食を止めるのは間に合うか、学校医に相談の電話をいつするか、教育委員会への報告書は誰が作成するのか、と次々に連携をしていきます。大きな行事の前や、入試の付近だとより一層学校中の空気がピリつきます。たまに、あまり学級閉鎖をしたくない管理職と、早めに対応したい養護教諭で意見が食い違うこともあると聞きますが、ど

れだけスムーズに対応したとしても広がるときはあっという間。これぱっかりは完全に防ぐのが難しいのが、感染症あるある。

そもそも健康観察って

いわゆる健康観察は「朝」のイメージが強いと思います。教室で担任の先生が朝の会で健康観察をする、そして係や委員会の子どもがファイルを保健室に届けるのがスタンダード（最近はＩＣＴも活用されています）。一方で、文部科学省の資料「教職員のための子どもの健康観察の方法と問題への対応」によると、健康観察は朝だけでなく「学校生活全般」で行うことが大切と書かれています（健康観察だけで80ページ以上のボリューム満点の資料があるなんて、養護教諭になるまで知りませんでした…）。

健康観察のタイミング

・朝や帰りの会（登校の時間帯・形態、朝夕の健康観察での表情・症状）
・授業中（心身の状況、友人・教員との人間関係、授業の参加態度）

・休み時間（友人関係、過ごし方）
・昼食（食事中の会話・食欲、食事摂取量）
・保健室来室時（心身の状況、来室頻度）
・学校行事（参加態度、心身の状況、人間関係）
・放課後（友人関係、下校時の時間帯・形態）

健康観察でわかること
①子どもの心身の健康問題
②感染症や食中毒などの集団発生状況
③自己管理能力の実態

忙しくても朝は丁寧に

このように健康観察は学校生活全般で行いますが、やっぱり朝のコンディションが重要だと感じる養護教諭の方は多いはず。登校してすぐ保健室に「具合が悪いです」と来室があると、今日を無事に乗り切れるかな？　と心配に。感染症に限らず、健康観察は、いじめ、不登校傾向、虐待等の早期発見にも関係しています。どれだけ朝が忙しくても、子どものＳＯＳを見逃すことなく丁寧に対応することは大切です。時短や効率化に繋げるため、集計にＩＣＴを活用するのも一つの有効な手段で、文科省のStuDX StyleというＧＩＧＡスクール事例紹介サイトでは朝の会の健康観察の際に、表計算ソフト等を使って自分の体調等について簡単に報告し合う活動が載っています。ただ自分の状態を書くのではなく、友達とコメントし合うＩＣＴの活用は子どもにとっても、朝の健康観察をより身近で自分事に考えられる取り組みだなと感じます。毎日何気なくやっている健康観察こそ学校教育の土台なのです。

Tips

変化を見逃さないために「朝」を大切に

2　保健室はまるで野戦病院

石けん選び名人

繰り返しになりますが、学校予算はあまり余裕がない学校が多いと思います。そんな中、石けんはコスパ重視になりがちなのが保健室あるある。希釈するタイプの緑色の液体せっけんは手間がかかるけどたくさん使えて、原液タイプはラクだけどちょっとケチケチしがち（石けんはワンプッシュ！　というシールを容器に貼りがち）。固形石けんは（今はあまり主流じゃないですが）泡立てるのが難しくて周りをツルっとなでるだけになりがち。委員会の常時活動に石けん補充の取り組みがあったりと、養護教諭にとって一番身近な存在が石けんではないでしょうか。

コロナ禍で変わった保健室

コロナ禍で固形石けんから泡ハンドソープへと全面的に変わった学校に勤めていました。学校の感染症対策のインフラが整ったという一面は、コロナ後に唯一ありがたいと感じた出来事です。一方で未曽有の事態に全国の養護教諭は大変な苦労をされたことだと思います。日々変わる感染症対策や大量に送られてくるマニュアル、ワクチンに関する情報など、34ページにも書いたヘルスリテラシーが求められる場面が多くありました。養護教諭界で一番有名（私調べ）な、三木とみ子さん（日本健康相談活動学会理事長）が養護教諭を励ます緊急メッセージを出していたのも印象的でした。全国で繋がっている養護教諭の仲間がいる、と感じながら各校の子どもの健康と安全のため奮闘した養護教諭は本当にかっこいいなと感じています。

平常時であっても保健室のベッドの数はせいぜい2〜3個なので、何百人もの子どもを対応するとあっという間にベッドが埋まります。一人ひとりの様子を見ながら休養させたり早退させていくので、タイミングによっては1日中ベッドが満床、ベンチにバスタオルをかけて臨時ベッドにしたり、ときに保健室では収まらず応接室や別室を借りて対応するということも。その様子を見た管理職から「野戦病院のようだ…」と言われるのが保健室あるある。

災害時の保健室

ＳＮＳを通して全国の養護教諭の方と繋がったことで、災害時の保健室がどのようになるのかをリアルタイムで知ることができました。今まで、管理職から「まるで野戦病院だ…」と言われても、いまいちピンと来ていなかった私ですが、２０２４年1月に起きた能登半島地震直後にInstagramのＤＭで送られてきた保健室の写真は想像を超えていて言葉を失いました。「いつもの保健室が、ここまで変わり果てるのか…」というほど、毛布類が出された棚に乱積みされた支援物資、ビニールシートが張られた床、ベッドが足りず人が溢れる様子に衝撃を受け、もし自分がこの地域の養護教諭だったら一体何ができるのだろうとも思いました。その年の研修で「災害時の保健室」をテーマに株式会社ＴＯＴＯや震災を経験した養護教諭の方から話を聞く機会がありました。

震災後の経験を生かして発足した学校支援チームで活動している方によると、災害後に一番大事なのは、やはり「感染症対策」だそうです。特に避難所となる学校のトイレの清掃や消毒は養護教諭が指揮をとることもあり、トイレから感染が広がることも学びました。

感染症対策も災害対策も、突然くるからこそ前もって準備するのが大切です。石けん一つとっても、コスパに加えて「備え」につなげる視点で選ぶと、いざというとき役立つと思います。

Tips

日頃の備えは感染症流行時や災害時にも生かす

3 養護教諭は感染症に強くなる？

娘が保育園に入ったとき「1年目はたくさん感染症にかかるから覚悟しな」と先輩ママから言われました。本当にその通りで、年中鼻水を垂らして過ごしていた娘ですが年々体が強くなっていったように感じます。養護教諭になったときは「具合の悪い子がたくさん行くから養護教諭は感染症に強くなるよ」と周りに言われたのを覚えています。年々体が強くなったのかはわかりませんが、あくまで私個人としては、結局移るときは移る、と思っています（私だって人間ですし）。

宿泊引率で集団発熱があったとき、教員や引率看護師で必死に対応して、どんどんお迎えに来てもらいつつ、帰りのバスでも発熱者が続出。バスの後ろに隔離しながら、何とか帰校した後に、自宅に帰ったら何かあやしい…と思い熱を測ったら、私も発熱していました。そんなとき養護教諭仲間が「みんなを帰した後に発熱したこと、誇りをもって！」と声をかけてくれて心が救われた経験もあります。

感染症流行状況の相互参照

教育業界全体の流行語のような時代ごとのキーワードがあります。思い浮かびやすいのは「ゆとり教育」ではないでしょうか。最近だと「アクティブラーニング」が注目されたり、ＧＩＧＡスクール構想が始まった今は、次の２つのキーワードがよく使われたりしているのではないでしょうか。

一つ目は「個別最適な学び」で、一人ひとり自分のペースや興味、理解度に合わせて学ぶことを指します。従来の一斉指導とは異なり、各個人の特性や目標に応じた学習内容や方法を柔軟に取り入れ、子どもの主体性を引き出すことを目指します。つまり、場面緘黙のある子は発言ではなくテキストで意見交換したり、難聴がある子はヘッドホンをつけて教材を視聴したり、長期入院している子は病院と学校とで端末を使って繋がる仕組みです。学級閉鎖が起きたときも、元気な子にはオンラインでワークシートを配布することはもうめずらしくないのではないでしょうか。

そしてもう一つが「協働的な学び」です。子ども同士が互いに協力し合い、共に学びを深めていく学習の形態で「共同編集」「相互評価」「相互参照」が3つの柱です。つまり、クラウドを活用してクラスで一つのスライドを「共同編集」したり、今までは隣の子のノートを覗くとカンニングだ！　とネガティブにとらえていた状況も、クラウド上でどんどん「相互参照」しましょう、そして新しいアイデアを生み出しながら、いいね！　やコメントを入れて「相互評価」し合いましょう、という学びです。

養護教諭もこの仕組みを保健室で応用できると思います。37ページの「今日のお休み」の掲示物は、感染症の状況を学校全体で「相互参照」することに繋がっています。今日はこれくらいお休みがいたのか、と養護教諭だけでなく学校全体やお迎えに来た保護者の方、学校に来た地域の方にも発信することで「協働的な」感染症対策ができると思います。

保健室のベッドが今どれくらい埋まっているか、お迎え待ちの子が何人いるか、折り返しの電話待ちで待機している子は誰かなどの保健室の状況も養護教諭だけでなく学校全体で「相互参照」できます。教科や担任の先生が子どもに対して活用している学びの方法を、私たち養護教諭は教職員間での「協働」のために活用するという感覚です。保健室から一方通行だった感染症に関わる情報発信を、相互に行うためにもICT活用が効果的です。

よくある付箋ワークの応用で保健室を見える化したＩＣＴのアイデアは、普段からチームとして健康への意識を高めるきっかけになるのではないでしょうか。責任感があるから休めない、でも養護教諭だって休むことがあって当然。肩の力をどうか抜いて、感染症シーズンを一緒に乗り越えましょう。

Tips

協働的な「保健室」を目指す

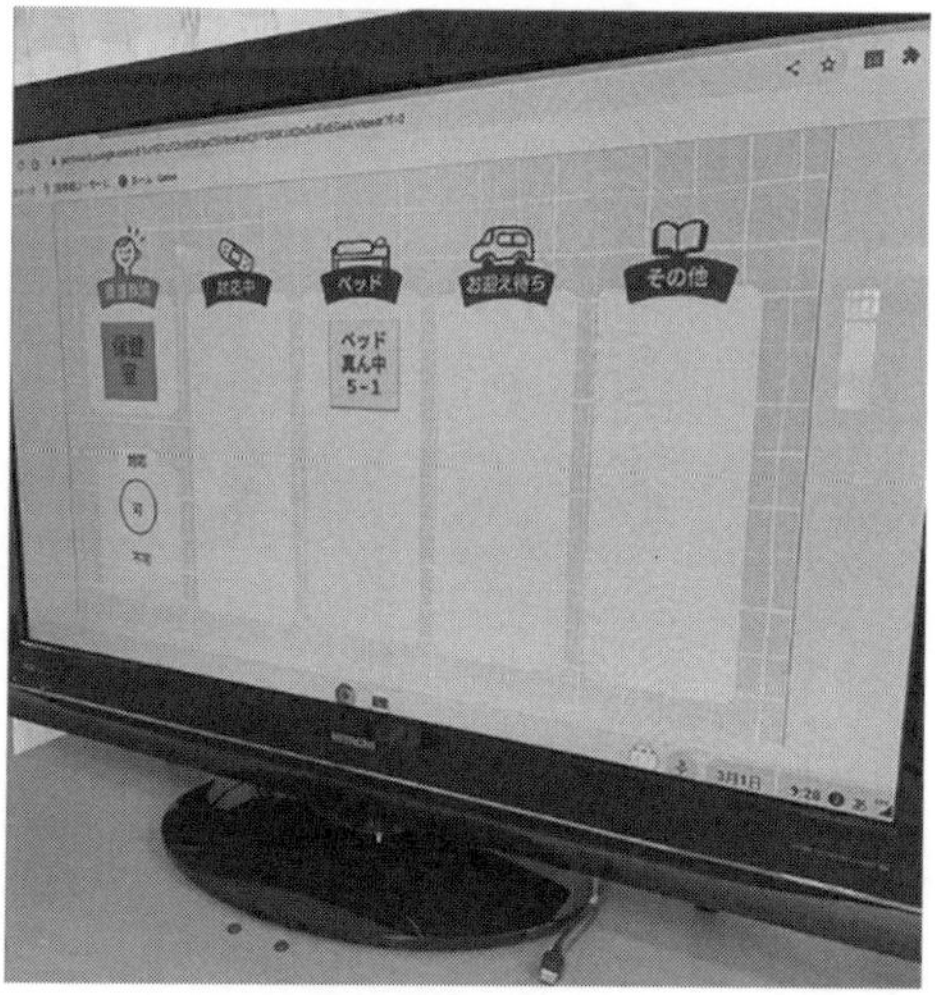

保健室の見える化

4 養護教諭は保健室の経営者

オペレーションからマネジメントへ広げる

経営を英語で表すと「オペレーション」もしくは「マネジメント」と訳されます。AIにオペレーションとマネジメントの違いを聞いてみると、次のように出てきました。

- オペレーションは「日々の業務を効率的に運営する」役割
- マネジメントは「戦略的に組織を管理する」役割

つまり、オペレーションは決められた仕事をどう効率的かつ効果的に取り組むか。工場のオペレーションのように一定水準のことを誰がやっても同じように再現できることが大きな価値です。67ページに書いた標準化にも繋がる考え方です。異動したばかりの場合や、新規採用の養護教諭の方は、まず今年度の業務（健康診断や学校保健委員会、その他の学校行事）を一定の水準でやり切ることが求められると思います。

一方で、マネジメントは「長期的なビジョンの策定や戦略」を決めること。これは１年間を終えたタイミングで全体を振り返りながら考えることが効果的ではないでしょうか。毎年子どもたちの健康課題は変化しますし、校内のチームメンバーも変わる中で、どんな保健目標を立てて、どのように組織をまとめていくかが保健室経営のマネジメント的な考え方です。保健室経営は、オペレーションからマネジメントへと広げていく感覚でとらえている養護教諭の方は多いと思います。

オペレーションは標準化

前任者のやり方を徹底的に真似するには、引き継ぎ資料が大切です。養護教諭の引き継ぎ問題「正解がわからない」に２億票入れたいくらい引き継ぎ迷子だった私です。標準化したいけどローカルルールが多すぎるのも課題だと思いますが、Instagramでとったアンケートによると、最低限ほしい情報として次の意見がありました。

- 児童生徒の引き継ぎ（頻回来室等も含む）
- 健康診断の会場写真
- 各月のやることリストと資料
- 書類やデータの保管場所
- 保健室内の物品の場所

中には、昨年度の養護教諭の週間計画ノートをそのままもらってすごく助かりました、という声もあり養護教諭の引き継ぎに対する思いやりや配慮のホスピタリティを感じました（私は人に見せられない殴り書きでメモするのでそのまま渡しても解読不能になってしまいそうですが）。

マネジメントは属人化していい

以前、とある校長先生が「管理職って言い方が好きじゃないんだよね、上から部下のミスを監視したり管理したりするみたいで。だから、管理じゃなくて活用って考えるようにしている」と言っていました。チームメンバー一人ひとりの能力を活用したい、という思いが伝わって、素敵だなと感じました。

オペレーション的視点で保健室経営の基礎を押さえたら、その校長先生が言っていたように自分らしさを活用したマネジメントができていいなと思います。マネジメント的視点の保健室経営はそれぞれの養護教諭らしさ＝属人化。全国の保健室では養護教諭の個性が発揮されているのではないでしょうか。

Tips

保健室経営はまずオペレーションを標準化する

5 前の先生は○○してくれたのに…の比較

前の先生と比較されている気がしていた

異動したときに「前の先生はこうだったから」と言われ、何となく比較されている気がしてネガティブな気持ちになっていた過去の私。ＳＮＳで発信して、たくさんの人の目に留まり始めると「影響力のある人だから発言に気を付けた方がいいですよ」と言われ、求められるイメージと本当の自分の差に落ち込むこともありました。

それはどこかで「周りの目」を気にし過ぎていたからだったと思います。養護教諭とはこういうもの、影響力がある人はこうあるべき、そんな誰かの決めた「養護教諭らしさ」の枠にとらわれていたのは自分自身だったのだと思います。

「影響力があるから」や「前の先生はこうだった」という枕詞は一旦横に置いて、シンプルに内容のプラスの面をとらえれば参考になることはたくさんあります。「養護教諭らしくいなければ」「インフルエンサーらしい発言をしなければ」と自分で自分にプレッシャーを感じることを手放し、「自分らしさ」を大切にすると少し生きやすくなったなと思います。

未熟な発言も価値がある

発信活動を始めたからこそ得られた私の一つの考えは「未熟な意見を出すことでより多くの優れた意見が集まる」ということ。最初から完璧に仕事をこなせたらもちろん素敵ですが、わたしはときに失敗したり反省したりの繰り返し。それでも、自分らしく今の等身大の考えや思いを発信することは、大きな成長に繋がると感じています。

保健室経営の目的は

次のようなことが保健室経営の目的として挙げられます。

・各種法令、学校の教育目標を踏まえ児童生徒等の健康の保持増進をはかる
・養護教諭が専門性と保健室の機能を最大限生かす
・教育活動の一環として組織的に運営・推進する

養護教諭が最大限の力を発揮するためにも、保健室経営が大切です。とある養護教諭の方は「その時々は同僚とぶつかることもあるけど何十年先の子どもたちのことを考えるとこっちをやってみよう！　と思えるよ」と先輩の先生に言われた言葉を励みにしているそうです。また、違う養護教諭の方は「先生たちの業務の多さを理解しながらお互いがWin-Winになるような仕事の仕方を考えたり、学級の子どもの対応を全面協力して普段の先生たちとの関係性づくりをしたりして、自分の考えを語ることで、少しずつチーム学校

が回り出した感触がある」と言っていました。

チームで学校保健に取り組むということは一筋縄ではいかないですし、複数配置の場合は1人の思いだけでなく養護教諭同士でも意見が食い違うことだってあると思います（複数配置のお悩みも養護教諭あるあるですが）。それでも、年齢や経験年数やキャリアや性別にかかわらず「今のあなた」の思いや気持ちを伝えることは養護教諭の力を最大限発揮することに繋がります。

私は自己紹介で養護教諭インフルエンサーと言いましたが、本来インフルエンサーとは「影響力がある人」ではなく「意見を表明する人」だと思います。私はとにかく「養護教諭の魅力を伝えたい」そんな思いで発信するうちに水の波紋のようにゆっくりと周りへと気持ちが伝わっていきました。全国の養護教諭がそれぞれの学校で、自分らしく意見を表明する「現場のインフルエンサー」になれたら素敵だなと思います。

Tips

現場のインフルエンサーになろう

休む罪悪感を手放す

実家から出てきた「皆勤賞」の賞状。最近は、学校で皆勤賞という言葉をほとんど聞かなくなり「休むことはダメなこと」ではなく「必要に応じてうまく休むスキル」が大切という価値観に変わってきたように感じます。それでも、教師向けの「働き方」の本はあっても「休み方」の本は見たことがありません。頑張る姿は素敵ですし、むしろ私は働くのが好きなタイプ。でも、過酷な労働環境だからこそ「働くこと」と「休むこと」はセットで考えたいです。『休養学基礎』（メディカ出版・2021年）によると、日本人は2人に1人が疲労を抱える疲労大国。「大丈夫」と言っている人ほど心のSOSに気付いていないだけで、本当は大丈夫じゃないかもしれません。休む罪悪感は、大人も子どもも手放していきたいですね。

3,520円（本体＋税10%）
B5判／226頁
ISBN：978-4-8404-7566-2

付録

養護教諭の１年あるある

見通しをもち
次の年度を楽しくデザイン

4月〜5月

職員会議提案

新卒だろうが異動直後だろうが容赦なく訪れる職員会議の提案。引き継ぎ時にあらかじめ年度当初の提案内容を聞いておくと安心。

保健室オリエンテーション

春休み中に校内研修（アレルギーや救急対応）をする学校が多い。同時に保健室のオリエンテーションとして着替え置き場や嘔吐処理セットの場所など、保健室利用についても確認することも。

配布、回収する書類の確認

書類の回収方法は学校により異なる。年度末前に配布して新クラスで回収することもあれば、新年度に一斉に新しい用紙を配布することも。回収日の設定は余裕をもつのが◎。

学年会や校務分掌ごとの会議

規模によって校務分掌の量が変わる。マニュアルがあるとは限らないので要注意。

保健だより

４月の保健だよりは自己紹介や学校医の紹介、保健室のルールや健診の日程、スポ振についてなど。年度当初の内容は固定化されていることが多いので早めに準備。

入学式準備

新入生にのみ配布する書類（災害共済給付金関係や心臓病検診問診票など）を確認。入学式の後にアレルギーや健康に関する面談を希望する家庭もある。

学校医への挨拶

新年度は学校医へ挨拶の電話と同時に、健診のスケジュールを再確認すると安心。

健診補助の確認

健診の事務補助員や、校内教職員に予定の再確認をしておく。

回収書類のチェック

どのクラスが出ているか一覧でわかるように表にしておくとスムーズ。

身長・体重・視力・聴力

身長はお団子結びだと高難易度、体重はその日だけでも軽くしたい気持ちがよくわかる。視力検査は東西南北で答える子がいるとレベルＭＡＸ、聴力検査の説明はピーとポー派。

6月〜7月

内科健診

ついたての出番が一番多く、プライバシーを配慮した動線のつくり方は匠の技。

耳鼻科健診

右耳、左耳、鼻、のど、とテンポよく器具出しするのでリズム感が鍛えられる。

歯科健診

歯列を記入するため歯科衛生士さんが来る場合もあるが、教員がやるときは聞き逃さないために百人一首大会レベルの集中力。

眼科健診

あっかんベーのように自分でまぶたを下げさせる方法の場合、ベロも出がち。

受診勧告

結果のお知らせは校務支援システムに結果を打ち込むと印刷される。校務支援システムがない場合は差し込み印刷を覚えておくと便利。

各種調査

前年度のデータを参考にしながら提出する調査もあるので、提出書類はフォルダにまとめておくかファイリングしておくと探しやすい。

学校行事

体育的行事や文化的行事、校外学習や宿泊引率などの前に要配慮事項の確認や救急セットを準備。何となくバッグの種類が揃っていると気分がよい。

日本スポーツ振興センター災害共済給付金

学校管理下での事故や病気に対しての制度。医療費自己負担３割＋給付金１割が給付されるが自治体によって申請方法や振り込み方法が違うので、手間度は堂々の星５つ。

宿泊引率

健診と健診の間や、２週連続で予定が組まれていると、どんなドッキリ番組よりも驚く。体調不良や怪我人を後ろからフォローするため、並んで歩くときは最後尾、バスは大体最後の号車に乗るのが養護教諭あるある。

8月〜11月

職員健康診断

自治体によって学校や役所でまとめて受けることもあれば、個別で病院に行く場合もある。養護教諭が主でやる業務ではないが実際はかなり負担があるのが七不思議の一つ。

職員向け研修

夏休み中に教員向けに救急救命講習を行うことが多い。消防署の方が来ることもあれば養護教諭が中心となってやる場合もある。

長期休み明け対応

夏休み明けの子どもの様子を見逃さないために学校体制を整えたり、保健だよりを作成したりする。

臨時健康診断

学期ごとに身長体重をはかる場合や、視力検査の2回目、秋の歯科健診などを行う学校もある。

ミニ保健指導

臨時健診のときに合わせてミニ保健指導をすることが多い。今までの形を引き継ぎつつアップデートすればゼロからつくるより時短。

学校行事

音楽会、体育祭、文化祭など行事が多い時期。保健室で関わった子の行事での姿は副音声で実況したいほど感動。緊急対応で本番は見られないときもあるので練習を見守る。

就学時健診

就学時健診当日は、給食を光の速さで食べる。何のメニューだったかの記憶はない。

物品購入

歯牙保存液は必要なときのために常備してあるが、ちょっと値段が高い。

養護教諭の研究会

夏、秋、冬の時期に大きめの規模の研修を行うことが多い。養護教諭同士の打ち上げは飲み会よりも、雰囲気のよいお店でお食事会になることが多い。

異動

人事異動に関わる調査の時期は、公にしない範囲でこっそり情報収集することも。

12月〜1月

感染症対策

マスクの予備がよく減る時期。ギリギリ感染が増える前に冬休みに滑り込みたい。

湯たんぽ

湯たんぽが大活躍する時期。雪の多い地域は保健室に大きなストーブが備え付けられているそう。

次年度計画

来年の健康診断のために学校医と日程調整をする時期。学校医は複数の学校を掛け持っている場合があるので、早めに日程を確保しないと調整が難しくなることも。1月頃には教育委員会から一括の大きな予定が入り、教務担当と一緒に健康診断とその他の行事をパズルのように埋めていく。学校医や学校薬剤師など外部との予定調整が必要なものから優先してもらうことが多い。

学校保健委員会

冬の時期に行うことが多い。学校公開の日に合わせたり、ゲストティーチャーを呼んで公開授業にしたり、学校医や学校薬剤師に講師をお願いすることも。

児童生徒保健委員会

冬は感染症に関わる内容で委員会発表をすることが多い。台本を作り保健劇のような動画を撮って流すこともあるので、気分はまるでディレクター。

学校評価

学校内の教職員同士や学校外の保護者や地域で学校全体の取り組みについて評価するためアンケートをとることがある。学校保健についての意見があれば次年度の学校保健計画に生かす。

年末の大掃除

ソファをメラミンスポンジで掃除したら別物のような色に生まれ変わることがある。窓の掃除もすると、外ってこんなにクリアに見えたんだ、と感動する。

次年度用の配布書類

在校生には学校生活管理指導票（アレルギーや心臓病など）の書類を早めに渡す。

2月〜3月

業者が関わる検診

心臓病検診や尿検査などは委託業者から日程が自動的に割り振られる。特に心臓病検診の順番がトップバッターに当たったときは書類配布から回収、実施までの期間が短くて慌ただしいので覚悟が必要。トップバッターと休み明けの尿検査回収は大当たりなので賞金がほしいくらい。

各種面談

次年度に向けて、アレルギー面や健康面で配慮が必要な児童生徒の保護者と面談。面談の日程調整はフォームも活用すると◎。

引き継ぎ

進学先に送る公簿（健康診断票）の準備。自治体によっては校務支援システム内のデータを小学校から中学校に引き継げるので紙で送る必要がない場合もある。

健診器具の数調査

大体の入学者数に合わせて滅菌器具数を申請。自校で消毒する自治体は減っている傾向で規模数や校種によってはディスポーザブルの健診器具を使う場合もある。

日本スポーツ振興センターの引き継ぎ

申請してから給付まで数か月タイムラグがあるので、仕方なく年度を挟んでしまうこともあるが、できるだけ引き継ぎが少ない方が手続きは煩雑にならないので理想。

卒業式

感動の気持ちと、誰か倒れたらすぐ動けるようにハラハラして見守る気持ちの板挟み。

学年上げ作業

各種書類を次年度の学年へと移し替える。保存年限のある書類も整理。

校種間の引き継ぎ

進学先に要配慮で引き継ぐことがある場合は養護教諭間で情報共有。

新年度準備

クラス配布セットを回収したり、感染症報告を提出したり、健康診断の配布書類を準備したり、春休みはあっという間に終わりがち。１年駆け抜けた自分を労うのを忘れずに。

おわりに

ここまでお読みいただき本当にありがとうございます。

私は小さい頃から本を読むのが大好きでした。本との出会いは、人との出会いみたいだなと感じます。出会えば出会うほど面白かったり、大切な1冊に出会ったり、出会うシチュエーションによってあまり合わない本だってあります。同じ本を違うタイミングで読み返すと新しい発見があることも。そんな中で、本屋さんにいってもなかなか養護教諭の本がないことを寂しく思っていた私がまさか本を書くことになるとは、夢にも思っていませんでした。貴重な機会をいただけたことに感謝して、本書が少しでも養護教諭や養護教諭を目指す方の役に立てば幸いです。

養護教諭向けの本で多いのは、救急対応のスキルアップ、保健指導の内容、保健だよりの素材など、特定の分野に特化した深い知識や専門的な内容です。そんな中、本書は1つの専門分野に限定せず幅広い内容で、多方面の人に伝わればいいなと思って内容を考えました。前例があまりなく執筆も初心者の私はたくさん悩み（イヤイヤ期を何度も乗り越え）、読むのと書くのは大違いだと身をもって経験しました。そしてより一層、本へのリスペクトの思いは強まり、養護教諭という職への情熱は高まり、書いているときは誰よりも全国の養護教諭に思いを馳せた自信があります。あまりにも貴重な経験をできた私はしあわせ者だなと感じています。そして「はじめに」で「養護教諭以外の方にも保健室から見える世界を味わってもらいたい！」と述べましたが、リアルな姿が伝わる１冊になっていたでしょうか？　もし共感していただけたら、職員室の隣の先生に保健室文庫としてそっと貸し出しながら雑談を楽しんでください。温かいコーヒーでも飲みながら。

最後に、出版にあたって（うっかり者の私のために）親身に締め切りリマインドメールを丁寧に送ってくださった明治図書の江﨑夏生さん、男性養護教諭の箱推しのライバルである東山書房の山本敬一さん、SNSでいつも応援してくださる皆様、お力添えいただいた全ての方に心から感謝いたします。そして全国の保健室で羽を休めていった子どもたちに、心からエールを。私の隣でしあわせそうに寝ている娘に、最大の愛を。執筆を最後まで伴走して心の拠り所になってくれた親愛なる養護教諭に、深く敬意を込めて。

養護教諭　にこ

2025年１月

【著者紹介】

にこ

元公立学校養護教諭

養護教諭インフルエンサー

認定ワーク・ライフバランスコンサルタント

「保健室って何してる？」というイメージがある養護教諭の，あまり知られていないリアルな様子をSNSで発信中。子どもたちの「健康」と「安全」を守るために奮闘する養護教諭の魅力，ICT活用，業務改善，休み方の罪悪感を手放す方法についてInstagramを中心に，YouTube，X（旧Twitter）などで発信，Voicyパーソナリティとしても活動中。

各種アカウント☞ @niko_hoken

子どもも自分も大切にする

養護教諭にこの保健室づくり

2025年3月初版第1刷刊 ©著　者　に　　　こ

2025年6月初版第2刷刊 発行者　藤　原　光　政

発行所　明治図書出版株式会社

http://www.meijitosho.co.jp

（企画・校正）江﨑夏生

〒114-0023　東京都北区滝野川7-46-1

振替00160-5-151318　電話03(5907)6701

ご注文窓口　電話03(5907)6668

＊検印省略　組版所　中　央　美　版

Printed in Japan　ISBN978-4-18-256020-0